projeto
ápis

EDUCAÇÃO INFANTIL

DANTE E NOEMI

CADERNO DE LETRAS E NÚMEROS

1

editora ática

editora ática

Direção de inovação e conteúdo: Guilherme Luz
Direção editorial: Luiz Tonolli e Renata Mascarenhas
Gestão de projeto editorial: Tatiany Renó
Gestão e coordenação de área: Ronaldo Rocha
Edição: Ronaldo Rocha, André Luiz Ramos de Oliveira (assist.)
Gerência de produção editorial: Ricardo de Gan Braga
Planejamento e controle de produção: Paula Godo, Roseli Said e Juliana Batista
Revisão: Hélia de Jesus Gonsaga (ger.), Kátia Scaff Marques (coord.), Rosângela Muricy (coord.), Brenda T. de Medeiros Morais, Claudia Virgilio, Lilian M. Kumai, Luís Maurício Boa Nova, Paula T. de Jesus e Vanessa de Paula Santos
Edição de arte: André Gomes Vitale (coord.) e Christine Getschko (edição de arte)
Diagramação: Bárbara de Souza Silva, Lourenzo Acunzo e Renato Akira Belarmino dos Santos
Iconografia e licenciamento de texto: Sílvio Kligin (superv.), Denise Durand Kremer (coord.), Claudia Bertolazzi, Claudia Cristina Balista, Ellen Colombo Finta e Fernando Cambetas (pesquisa iconográfica), Liliane Rodrigues e Luciana Sposito dos Santos Pereira (licenciamento de textos)
Tratamento de imagem: Cesar Wolf e Fernanda Crevin
Ilustrações: Maurenilson Freire (capa) e Biry Sarkis (miolo)
Capa: Gláucia Correa Koller
Projeto gráfico de miolo: Christine Getschko

Avenida das Nações Unidas, 7221, 3º andar, Setor A
Pinheiros – São Paulo – SP – CEP 05425-902
Tel.: 4003-3061
www.atica.com.br / editora@atica.com.br

Dados Internacionais de Catalogação na Publicação (CIP)
(Câmara Brasileira do Livro, SP, Brasil)

Dante, Luiz Roberto
Projeto Ápis : linguagens, matemática, natureza e sociedade : educação infantil : volume 1 ao 3 / Luiz Roberto Dante, Noemi Bianchini. -- 2. ed. -- São Paulo : Ática, 2017. -- (Projeto Ápis educação infantil)

1. Linguagem (Educação infantil) 2. Matemática (Educação infantil) 3. Natureza (Educação infantil) 4. Sociedade (Educação infantil) I. Bianchini, Noemi. II. Título. III. Série.

17-02031 CDD-372.21

Índice para catálogo sistemático:
1. Ensino integrado : Livros-texto : Educação Infantil 372.21

2018
ISBN 978 85 0818 437 8 (AL)
ISBN 978 85 0818 438 5 (PR)
Código da obra CL 740067
CAE 621138 (AL) / 621139 (PR)
2ª edição
2ª impressão

Impressão e acabamento: Corprint

Uma publicação SOMOS EDUCAÇÃO

VOCÊ JÁ REPAROU QUANTA COISA HÁ PARA SER LIDA PELAS RUAS EM PLACAS, EMBALAGENS, ENTRE OUTROS? ESTAMOS SEMPRE DESCOBRINDO NOVAS PALAVRAS, FRASES E NÚMEROS.

COM CERTEZA VOCÊ CONHECE MUITOS DOS NOMES E NÚMEROS QUE ENCONTRAMOS NESSES LUGARES E APRENDERÁ A ESCREVER MUITOS OUTROS DURANTE ESTE ANO!

ASSIM, ESTE CADERNO FOI PENSADO PARA QUE VOCÊ APRENDA A ESCREVER AS LETRAS E OS NÚMEROS BRINCANDO COM AS PALAVRAS, CONTANDO OBJETOS E MUITO MAIS.

ESPERAMOS QUE APROVEITE BASTANTE!

DANTE E NOEMI

LETRAS

ESTAS SÃO ALGUMAS COLEGAS DE ESCOLA DA TURMA DO GUI.

BIA CLARA

- OBSERVE O NOME DE CADA CRIANÇA. VOCÊ JÁ SABE LER ESSES NOMES?
- CONTORNE TODAS AS LETRAS **A** QUE APARECEM NO NOME DAS CRIANÇAS.
- DEPOIS, ESCREVA A LETRA **A**.

A LETRA A EM OUTRAS PALAVRAS

* OBSERVE AS FOTOS. O QUE ESTES ANIMAIS USAM PARA VOAR?

AS IMAGENS DESTA PÁGINA NÃO ESTÃO REPRESENTADAS EM PROPORÇÃO.

STEFFEN FOERSTER/SHUTTERSTOCK

BUTTERFLY HUNTER/SHUTTERSTOCK

KIRSANOV VALERIY VLADIMIROVICH/ SHUTTERSTOCK

ASAS

* CUBRA A LETRA **A**. DEPOIS, ESCREVA ESSA LETRA NO ESPAÇO EM BRANCO.

A A A ______

* ESCREVA A LETRA **A** PARA COMPLETAR A PALAVRA.

	S		S

O QUE ESTÁ ESCRITO?

* VOCÊ RECONHECE A LETRA **A** NESTAS IMAGENS? ENCONTRE-A E CONTORNE-A.

AS IMAGENS DESTA PÁGINA NÃO ESTÃO REPRESENTADAS EM PROPORÇÃO.

CRISTOPHER PARYPA/SHUTTERSTOCK/GLOW IMAGES

* AGORA, PINTE A LETRA **A**.

GELSON MELLO DA COSTA/MARCOPOLO

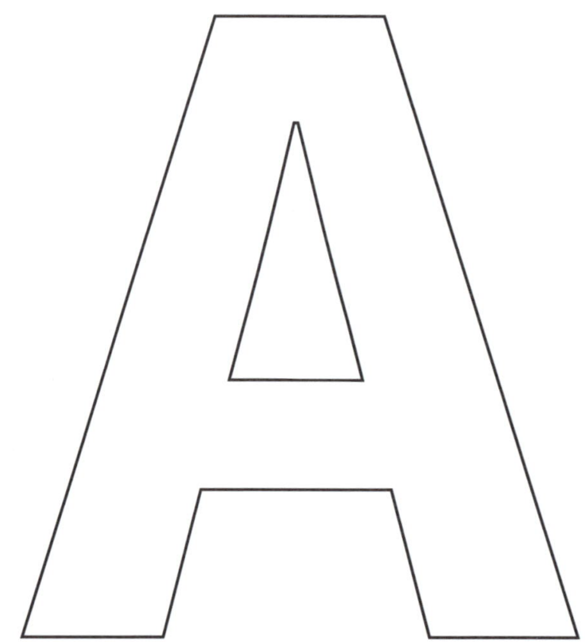

OBSERVE O NOME DOS DOIS MENINOS.

GUILHERME

EDUARDO

* COM QUE LETRA TERMINA O NOME GUILHERME?
* COM QUE LETRA COMEÇA O NOME EDUARDO?
* CONTORNE AS LETRAS **E** QUE APARECEM NOS DOIS NOMES.
* DEPOIS, ESCREVA A LETRA **E** NOS ESPAÇOS EM BRANCO.

E ______ ______

A LETRA **E** EM OUTRAS PALAVRAS

MATERIAL DE APOIO

- DESTAQUE AS FOTOGRAFIAS DA **PÁGINA 39** E COLE-AS NAS SOMBRAS CORRESPONDENTES.

PANDAPAW/SHUTTERSTOCK

KLETR/SHUTTERSTOCK

TPM13THX/SHUTTERSTOCK

- VOCÊ SABE O NOME DESSE ANIMAL? COM QUE LETRA COMEÇA O NOME DELE?
- CUBRA A LETRA **E**. DEPOIS, ESCREVA ESSA LETRA NO ESPAÇO EM BRANCO.

- ESCREVA A LETRA **E** PARA COMPLETAR A PALAVRA.

	L		F	A	N	T	

A LETRA E EM OUTRAS PALAVRAS

- VOCÊ CONHECE ESTAS FRUTAS? O QUE VOCÊ PODE VER EM TODAS ELAS?

SEMENTE

AFRICA STUDIO/SHUTTERSTOCK/ GLOW IMAGES

NATTIKA/SHUTTERSTOCK/GLOW IMAGES

VIKTAR MALYSHCHYTS/ SHUTTERSTOCK/GLOW IMAGES

AS IMAGENS DESTA PÁGINA NÃO ESTÃO REPRESENTADAS EM PROPORÇÃO.

- CONTORNE TODAS AS LETRAS **E** QUE APARECEM NA PALAVRA **SEMENTE**.

O QUE ESTÁ ESCRITO?

* VOCÊ RECONHECE A LETRA **E** NESTAS IMAGENS? ENCONTRE-A E MARQUE-A COM UM **X**.

AS IMAGENS DESTA PÁGINA NÃO ESTÃO REPRESENTADAS EM PROPORÇÃO.

DIVULGAÇÃO/PROCTER & GAMBLE

DIVULGAÇÃO/LEGO

* AGORA, PINTE A LETRA **E**.

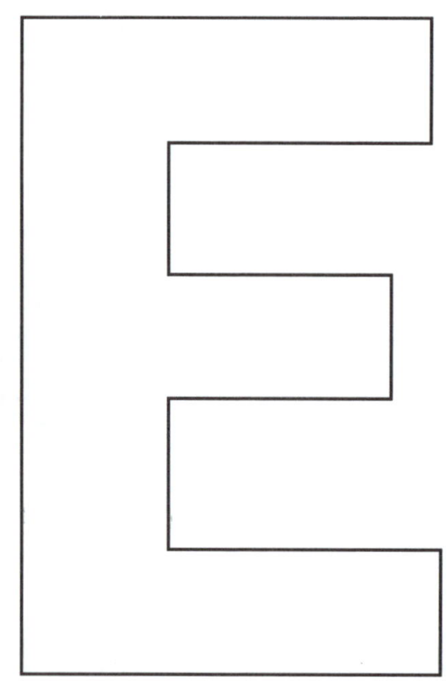

GUILHERME TEM O APELIDO DE GUI.
ISABELA TAMBÉM TEM UM APELIDO: ISA.

GUI ISA

- OBSERVE OS APELIDOS ACIMA.
- ONDE ESTÁ A LETRA **I**? CONTORNE AS LETRAS **I** QUE APARECEM NOS APELIDOS.
- ESCREVA A LETRA **I**.

I

A LETRA I EM OUTRAS PALAVRAS

* ONDE VIVEM ESTES ANIMAIS?

AS IMAGENS DESTA PÁGINA NÃO ESTÃO REPRESENTADAS EM PROPORÇÃO.

MILLARD H. SHARP/GETTY IMAGES

FIELDWORK/SHUTTERSTOCK

SIRI

PINGUIM

* CONTORNE TODAS AS LETRAS I QUE APARECEM NAS PALAVRAS ACIMA.

A LETRA I EM OUTRAS PALAVRAS

- FRUTA E PASSARINHO... O QUE UM TEM A VER COM O OUTRO?

AS IMAGENS DESTA PÁGINA NÃO ESTÃO REPRESENTADAS EM PROPORÇÃO.

VIKTAR MALYSHCHYTS/ SHUTTERSTOCK

ERIC ISSELEE/SHUTTERSTOCK

- CUBRA A LETRA **I**. DEPOIS, ESCREVA ESSA LETRA NO ESPAÇO EM BRANCO.

I I I ____

- ESCREVA A LETRA **I** PARA COMPLETAR A PALAVRA.

K		W	

O QUE ESTÁ ESCRITO?

* VOCÊ RECONHECE A LETRA **I** NESTAS IMAGENS? ENCONTRE-A E CONTORNE-A.

CAIXA

DIVULGAÇÃO/CAIXA ECONÔMICA FEDERAL

CASAS BAHIA

DIVULGAÇÃO/CASAS BAHIA

* AGORA, PINTE A LETRA **I**.

DEPOIS DA AULA, IVO GOSTA DE JOGAR BASQUETE COM SEU VIZINHO OTÁVIO.

IVO

OTÁVIO

- CONTORNE AS LETRAS **O** QUE APARECEM NOS NOMES.
- ESCREVA A LETRA **O**.

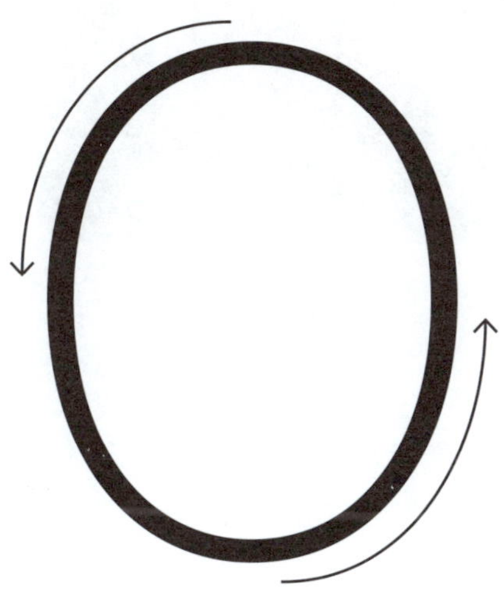

A LETRA O EM OUTRAS PALAVRAS

* QUE BELOS FILHOTES! VOCÊ SABE DE ONDE ELES NASCEM?

BOTADOS NO NINHO,
CHOCADOS POR NOSSA MÃE,
DOS OVOS BRANQUINHOS,
NASCEMOS DE UMA SÓ VEZ,
EU E MEUS SEIS IRMÃOS PINTINHOS.

NOEMI BIANCHINI DANTE.

AS IMAGENS DESTA PÁGINA NÃO ESTÃO REPRESENTADAS EM PROPORÇÃO.

BLUEORANGE STUDIO/SHUTTERSTOCK

SORU EPOTOK/SHUTTERSTOCK

FILHOTES

* CONTORNE A LETRA **O** QUE APARECE NA PALAVRA ACIMA.

A LETRA O EM OUTRAS PALAVRAS

* OBSERVE OS OVOS DAS AVES. ELES SÃO IGUAIS?

AS IMAGENS DESTA PÁGINA NÃO ESTÃO REPRESENTADAS EM PROPORÇÃO.

STEVE BYLAND/ SHUTTERSTOCK

VILAINECREVETTE/ SHUTTERSTOCK

AARON AMAT/ SHUTTERSTOCK

JIRI HERA/ SHUTTERSTOCK

AVESTRUZ

O AVESTRUZ ENGOLE TUDO:
MOEDA, TAMPA, BOTÃO...
É UMA AVE QUE NÃO VOA,
MAS CORRE COMO UM ROJÃO!

DE AVESTRUZ A ZEBRA, DE MAITI FRANK CARRIL. SÃO PAULO: ÁTICA, 2009.

* CUBRA A LETRA **O**. DEPOIS, ESCREVA ESSA LETRA NO ESPAÇO EM BRANCO.

____

* ESCREVA A LETRA **O** PARA COMPLETAR A PALAVRA.

	V	

O QUE ESTÁ ESCRITO?

* VOCÊ RECONHECE A LETRA **O** NESTAS IMAGENS? ENCONTRE-A E MARQUE-A COM UM **X**.

AS IMAGENS DESTA PÁGINA NÃO ESTÃO REPRESENTADAS EM PROPORÇÃO.

DIVULGAÇÃO/BOM BRIL

DIVULGAÇÃO/UNILEVER

* AGORA, PINTE A LETRA **O**.

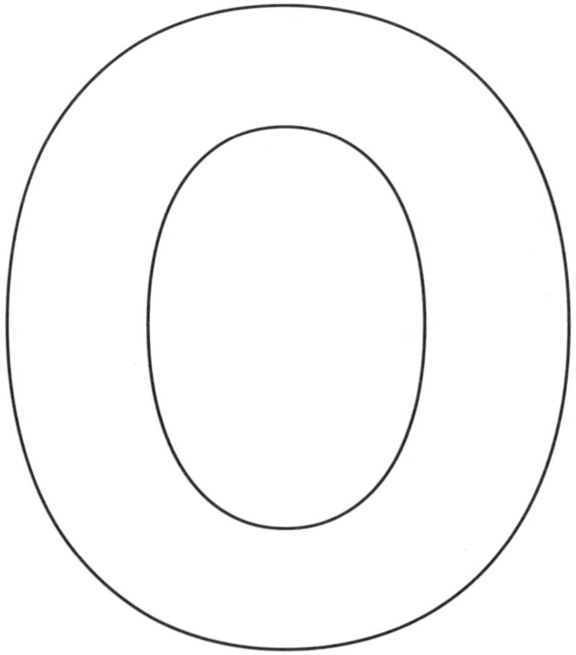

NOS FINS DE SEMANA, CLARA PRATICA NATAÇÃO COM OS COLEGAS DO CLUBE.

* OBSERVE O NOME DELES.

* CONTORNE AS LETRAS **U** QUE APARECEM NOS DOIS NOMES.
* ESCREVA A LETRA **U**.

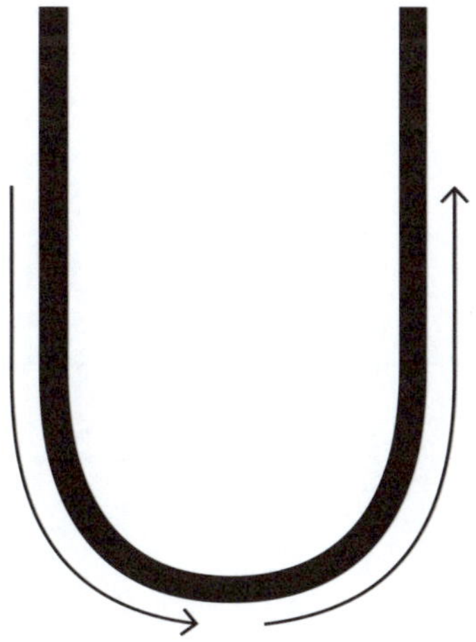

__________ __________

* QUAL É A SEGUNDA LETRA DOS NOMES LUÍSA E LUCAS? ☐

A LETRA U EM OUTRAS PALAVRAS

* O QUE A GALINHA, A CORUJA E O PATO TÊM NOS PÉS?

AS IMAGENS DESTA PÁGINA NÃO ESTÃO REPRESENTADAS EM PROPORÇÃO.

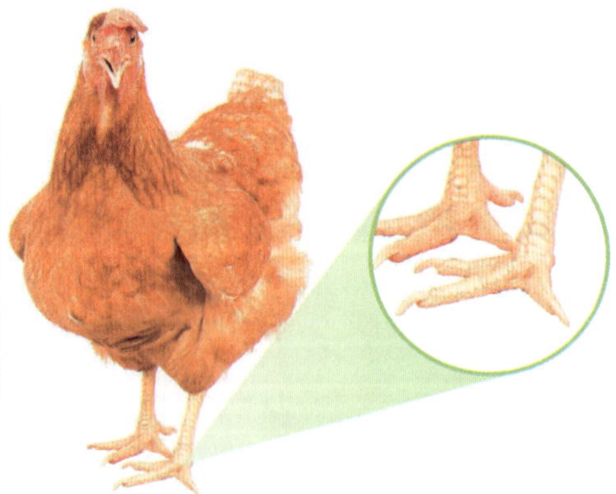
STOCKPHOTO MANIA/SHUTTERSTOCK

ERIC ISSELEE/SHUTTERSTOCK

AKSENOVA NATALYA/ SHUTTERSTOCK

* CUBRA A LETRA **U**. DEPOIS, ESCREVA ESSA LETRA NO ESPAÇO EM BRANCO.

U U U ______

* ESCREVA A LETRA **U** PARA COMPLETAR A PALAVRA.

	N	H	A	S

O QUE ESTÁ ESCRITO?

* VOCÊ RECONHECE A LETRA **U** NESTAS IMAGENS? ENCONTRE-A E CONTORNE-A.

AS IMAGENS DESTA PÁGINA NÃO ESTÃO REPRESENTADAS EM PROPORÇÃO.

DIVULGAÇÃO/AZUL LINHAS AÉREAS BRASILEIRAS

DIVULGAÇÃO/PUMA

* AGORA, PINTE A LETRA **U**.

U

* OBSERVE O NOME DOS PERSONAGENS ABAIXO.

* AGORA, ESCREVA NO QUADRO ACIMA A PRIMEIRA LETRA DE SEU NOME.

* OBSERVE AS LETRAS ABAIXO. QUAIS DELAS APARECEM EM SEU NOME? CONTORNE-AS.

A E I O U

* ESCREVA SEU NOME NO ESPAÇO ABAIXO.

* AGORA, TROQUE SEU LIVRO COM UM COLEGA E PEÇA A ELE QUE CONTORNE AS LETRAS **A**, **E**, **I**, **O**, **U** QUE APARECEM NO NOME QUE VOCÊ ESCREVEU.
* FAÇA O MESMO NO NOME DELE.

* ESCREVA ABAIXO UMA DAS LETRAS DO NOME DE UM COLEGA.

MEUS AMIGOS

* ACOMPANHE A LEITURA DO PROFESSOR.

AMIGO E INIMIGO

AMIGO DA GENTE É JOIA, BACANA, LEGAL,
GENTE FINA, BONITO, O MÁXIMO!
[...]

UM JEITO BOM DE BRINCAR, DE ELIAS JOSÉ. SÃO PAULO: FTD, 2002. (ARCA DE NOÉ).

* ESCREVA O NOME DE UM AMIGO OU DE UMA AMIGA NO ESPAÇO ABAIXO.

DESCUBRA QUE ANIMAL É ESTE

* PINTE AS PARTES QUE TÊM PONTINHOS E DESCUBRA O ANIMAL.

TARTARUGA MARINHA

QUEM É MAGA?

* OUÇA A LEITURA DO PROFESSOR.

MAGA

MAGA É UMA GIRAFA
CHEIA DE CAPRICHOS
POR CIMA SE ACHA
ENTRE OS BICHOS.

DESFILA ELEGANTE
COM SEU CACHECOL
ARGOLAS GIGANTES
E ÓCULOS DE SOL.

MANIA DE BICHO, DE NANA TOLEDO.
BLUMENAU: VALE DAS LETRAS, 2009.
(COLEÇÃO POEMINHAS ECOLÓGICOS).

* COMPLETE O NOME DA GIRAFA COM AS LETRAS QUE FALTAM:

M		G	

* PINTE NA IMAGEM OS OBJETOS QUE MAGA USA.

VAMOS CANTAR?

* CANTE COM O PROFESSOR O TRECHO DA CANÇÃO.

CIRANDA DOS BICHOS

A DANÇA DO JACARÉ, QUERO VER QUEM SABE DANÇAR.
A DANÇA DO JACARÉ, QUERO VER QUEM SABE DANÇAR.
REBOLA PARA LÁ, REBOLA PARA CÁ
E ABRE O BOCÃO ASSIM.
REMEXE O RABO E NADA NO LAGO
DEPOIS DÁ A MÃO PARA MIM.
[...]

PARA FICAR COM VOCÊ (CD), DE PALAVRA CANTADA. MCD, 2013.

* COMPLETE O SALTO E, DEPOIS, A PALAVRA CANGURU.

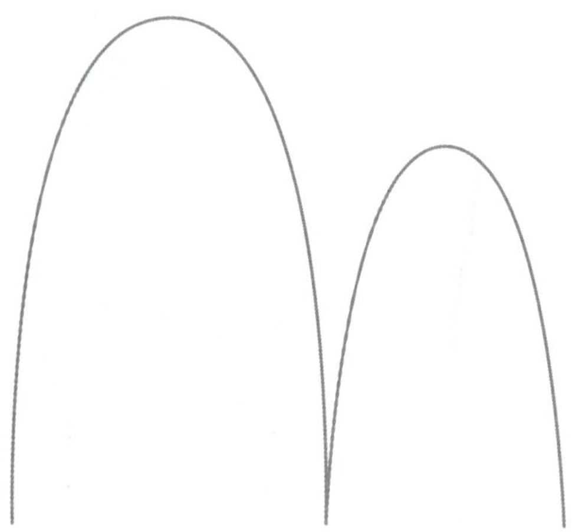

C	A	N	G		R	

QUE BICHO ESQUISITO!

ESTA ILUSTRAÇÃO NÃO ACOMPANHA O TEXTO ORIGINAL.

* ACOMPANHE COM O PROFESSOR A LEITURA DO TEXTO.

O SAPURU NÃO PARA DE PULAR.
O PROBLEMA É DESCOBRIR
QUAL É O BICHO QUE ELE COLOCOU
NO BOLSO E LEVOU PARA PASSEAR.

MISTURICHOS, DE BEATRIZ CARVALHO E RENATA BUENO. SÃO PAULO: WMF MARTINS FONTES, 2012.

* VAMOS MISTURAR OS BICHOS PARA CRIAR OUTROS BICHOS?

AGORA É COM VOCÊ!

- COM A AJUDA DE UM ADULTO, PROCURE EM ENCARTES, JORNAIS OU REVISTAS ALGUMAS PALAVRAS QUE INICIAM COM **A**, **E**, **I**, **O**, **U** E COLE-AS NESTA PÁGINA.

  CONVERSE COM OS COLEGAS SOBRE ELAS.

LETRAS, NÚMEROS OU DESENHOS?

MATERIAL DE APOIO

- DESTAQUE AS FICHAS DA **PÁGINA 39**. DEPOIS, SIGA AS ORIENTAÇÕES DO PROFESSOR PARA JOGAR COM UM COLEGA.

NÚMEROS

A QUANTIDADE UM (1)

- CONTE QUANTAS CRIANÇAS HÁ EM CADA IMAGEM. APONTE COM O DEDO ENQUANTO CONTA.
- MARQUE COM UM **X** OS QUADRINHOS EMBAIXO DAS IMAGENS QUE TÊM SOMENTE **1** CRIANÇA.

QUANTAS SÃO AS CRIANÇAS?

- QUANTOS ANOS O ANIVERSARIANTE ESTÁ FAZENDO? MOSTRE COM OS DEDOS.
- PINTE O NÚMERO **1** COM GIZ DE CERA.

1

1 2 3 4 5 6 7 8 9 10

1 UM

* CONTE OS ELEMENTOS. DEPOIS, CUBRA O NÚMERO **1**. SIGA AS SETAS.

1 

1 

1 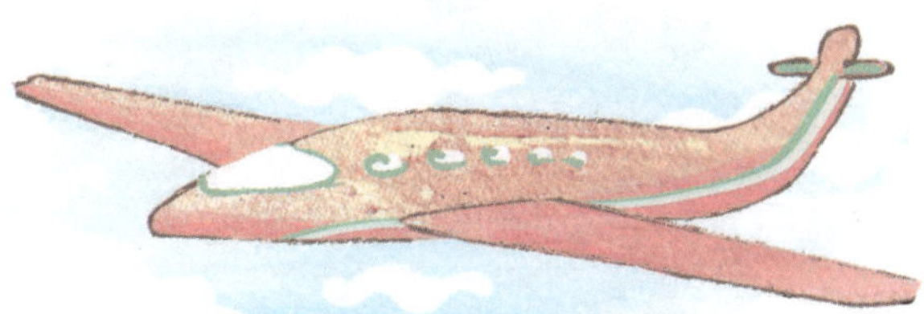

1 

* DESENHE **1** PIRULITO. DEIXE-O BEM COLORIDO.

1 UM

- O QUE VEMOS NO CÉU DURANTE O DIA QUE SE APRESENTA NA QUANTIDADE **1**? DESENHE-O E PINTE-O DE AMARELO.

- O QUE TEMOS EM NOSSO ROSTO QUE SE APRESENTA NA QUANTIDADE **1**? CONTORNE.

A QUANTIDADE DOIS (2)

RAFAEL ADORA OS ANIMAIS QUE VIVEM NO MAR.

* CONTE QUANTOS PEIXINHOS HÁ EM CADA GRUPO. APONTE COM O DEDO ENQUANTO CONTA.
* MARQUE COM UM **X** OS GRUPOS QUE TÊM APENAS **2** PEIXINHOS.

QUANTAS CRIANÇAS SÃO AGORA?

* QUANTOS ANOS O ANIVERSARIANTE ESTÁ FAZENDO? MOSTRE COM OS DEDOS.
* CUBRA O NÚMERO **2** COM TINTA A DEDO.

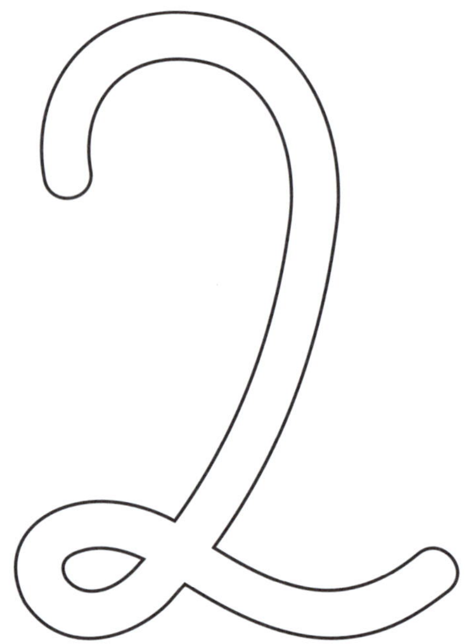

2 DOIS

* CONTE OS ELEMENTOS. DEPOIS, CUBRA O NÚMERO **2**. SIGA AS SETAS.

* QUANTAS RODAS TEM ESTA BICICLETA? DESENHE-AS.

ATTL TIBOR/SHUTTERSTOCK/ GLOW IMAGES

2 DOIS

* CONTORNE O GRUPO FORMADO POR APENAS **2** (DOIS) ANIMAIS.

* PINTE APENAS **2** (DUAS) MAÇÃS.

A QUANTIDADE TRÊS (3)

BIA GOSTA MUITO DE FLORES.

- CONTE QUANTAS FLORES HÁ EM CADA GRUPO. APONTE COM O DEDO ENQUANTO CONTA.
- MARQUE COM UM **X** OS GRUPOS QUE TÊM APENAS **3** FLORES.

QUANTAS CRIANÇAS SÃO AGORA?

- QUANTOS ANOS O ANIVERSARIANTE ESTÁ FAZENDO? MOSTRE COM OS DEDOS.
- PINTE O NÚMERO **3** COM LÁPIS DE COR.

3

1 2 3 4 5 6 7 8 9 10

3 TRÊS

* CONTE OS ELEMENTOS. DEPOIS, CUBRA O NÚMERO **3**. SIGA AS SETAS.

3 TRÊS

* LIGUE O NÚMERO À QUANTIDADE CORRESPONDENTE.

1

2

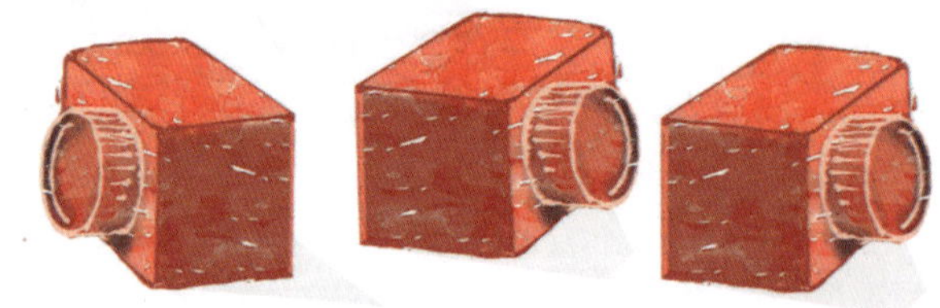

3

* DESENHE E PINTE **3** BOLAS.

A QUANTIDADE QUATRO (4)

RAFAEL GOSTA MUITO DE BRINQUEDOS.

- CONTE QUANTOS BRINQUEDOS HÁ EM CADA QUADRO. APONTE COM O DEDO ENQUANTO CONTA.
- MARQUE COM UM **X** OS QUADROS QUE TÊM **4** BRINQUEDOS.

QUANTAS CRIANÇAS SÃO AGORA?

* QUANTOS ANOS O ANIVERSARIANTE ESTÁ FAZENDO? MOSTRE COM OS DEDOS.
* PINTE O NÚMERO **4** COM GIZ DE CERA COLORIDO.

4

1 2 3 4 5 6 7 8 9 10

4 QUATRO

* CONTORNE OS ELEMENTOS. DEPOIS, CUBRA O NÚMERO **4**. SIGA AS SETAS.

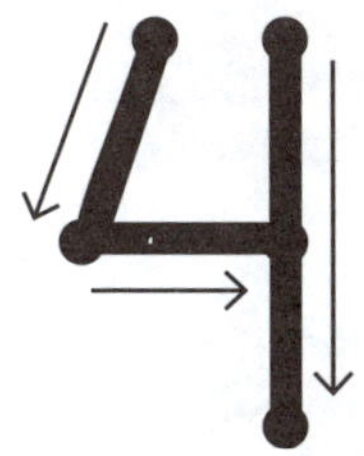

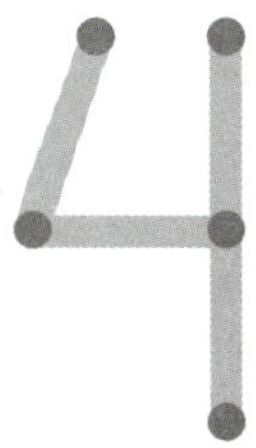

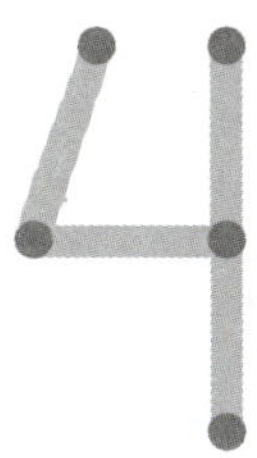

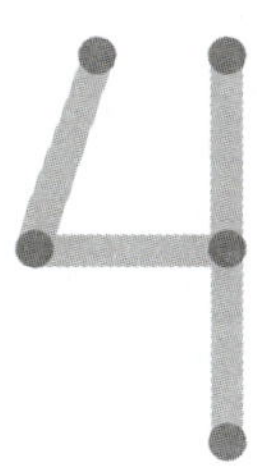

* CONTORNE DE ▬ OS ANIMAIS QUE TÊM **4** PATAS E DE ▬ OS QUE TÊM **2** PATAS.

A QUANTIDADE CINCO (5)

BIA GOSTA MUITO DE JOANINHAS.

- CONTE QUANTAS JOANINHAS HÁ EM CADA QUADRO. APONTE COM O DEDO ENQUANTO CONTA.
- MARQUE COM UM **X** OS QUADROS QUE TÊM **5** JOANINHAS.

QUANTAS CRIANÇAS SÃO AGORA?

- QUANTOS ANOS O ANIVERSARIANTE ESTÁ FAZENDO? MOSTRE COM OS DEDOS.
- PINTE O NÚMERO **5** COM LÁPIS DE COR.

5

1	2	3	4	5	6	7	8	9	10

5 CINCO

* QUANTAS SÃO AS VOGAIS?
* PINTE CADA UMA DELAS DE UMA COR.

A E I

O U

* CONTE OS ELEMENTOS. DEPOIS, CUBRA O NÚMERO **5**. SIGA AS SETAS.

QUANTAS FLORES?

* CONTE AS FLORES. DEPOIS, LIGUE CADA NÚMERO À QUANTIDADE DE FLORES CORRESPONDENTE.

1

2

3

4

5

5 CINCO

CLARA ESTAVA ARRUMANDO SEU QUARTO.

* PARA SABER QUANTOS BRINQUEDOS HAVIA, PINTE UM QUADRINHO PARA CADA UM.

* MARQUE COM UM **X** O NÚMERO CORRETO.

QUANTAS  ELA TEM? 3 4 5

QUANTAS  ELA TEM? 2 3 4

QUANTOS  ELA TEM? 1 3 5

OS DEDOS DA MINHA MÃO

* MOLHE SUA MÃO COM TINTA E CARIMBE EM UMA FOLHA SEPARADA. DEPOIS, COLE AQUI.

* QUANTOS SÃO OS DEDOS DE UMA MÃO?
* QUANTOS SÃO OS DEDOS DE UM PÉ?

A QUANTIDADE SEIS (6)

RAFAEL GOSTA MUITO DE ANIMAIS.

- CONTE QUANTOS ANIMAIS HÁ EM CADA QUADRO. APONTE COM O DEDO ENQUANTO CONTA.
- MARQUE COM UM **X** OS QUADROS QUE TÊM **6** ANIMAIS.

1 2 3 4 5 6 7 8 9 10

6 SEIS

* QUANTOS SAPOS HÁ NA LAGOA?

* CUBRA TODOS OS NÚMEROS.

JOGO DE DADOS

IVO E GUI ESTÃO JOGANDO DADOS.

* QUANTOS PONTOS IVO FEZ?
* E GUI, QUANTOS PONTOS FEZ?
* QUEM FEZ MAIS PONTOS NESTA JOGADA?

TREM GEOMÉTRICO

VEJA COM QUE TREM LEGAL GUI ESTÁ BRINCANDO.
NELE APARECEM MUITAS FIGURAS GEOMÉTRICAS.

- EM CADA COLUNA, PINTE A QUANTIDADE DE QUADROS IGUAL À QUANTIDADE DE CADA UMA DAS FIGURAS GEOMÉTRICAS QUE EXISTEM NO TREM.
- OBSERVE O GRÁFICO E RESPONDA: QUAL FIGURA GEOMÉTRICA APARECEU MENOS NO TREM?

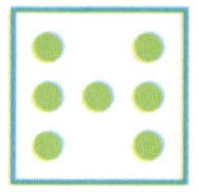

7 SETE

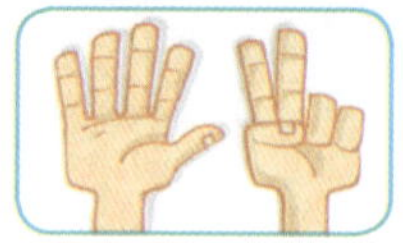

8 OITO

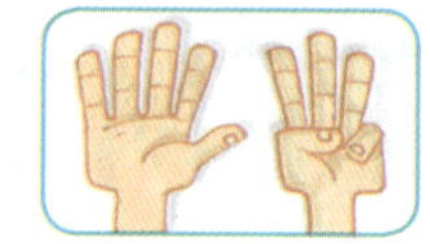

* CONTE QUANTAS FRUTAS HÁ EM CADA GRUPO E MOSTRE A QUANTIDADE COM OS DEDOS. DEPOIS, CUBRA OS NÚMEROS. SIGA AS SETAS.

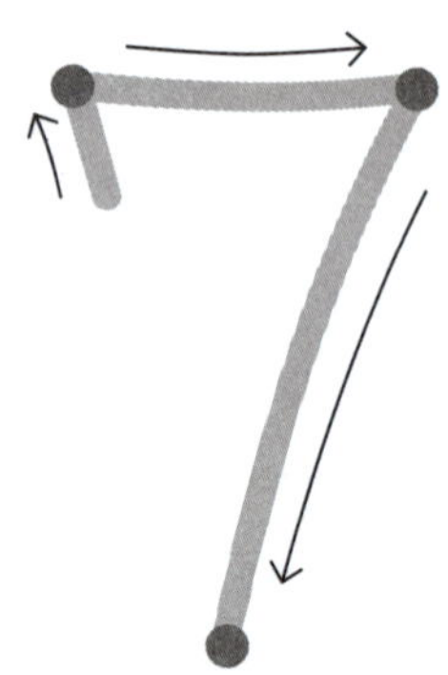

SETE

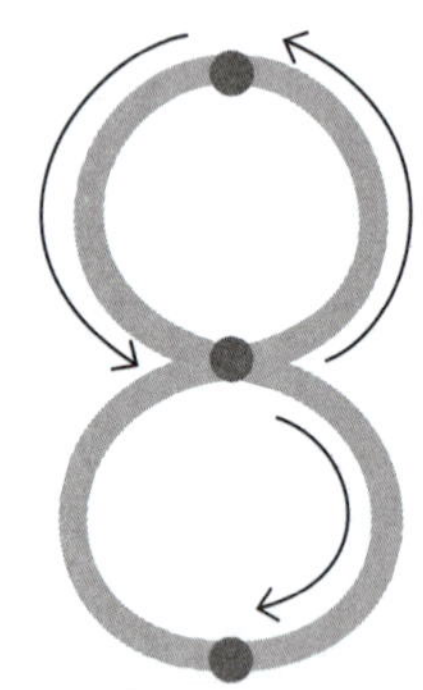

OITO

9 NOVE

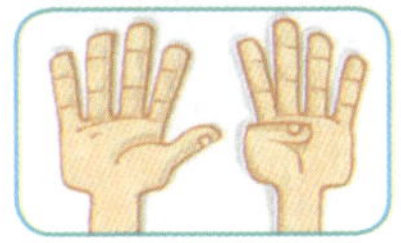

10 DEZ

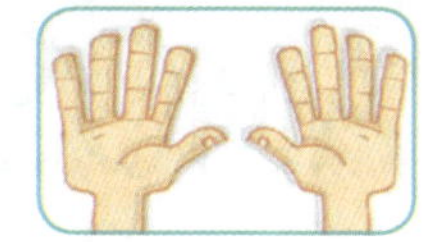

* CONTE QUANTOS BRINQUEDOS HÁ EM CADA GRUPO E MOSTRE A QUANTIDADE COM OS DEDOS. DEPOIS, CUBRA OS NÚMEROS. SIGA AS SETAS.

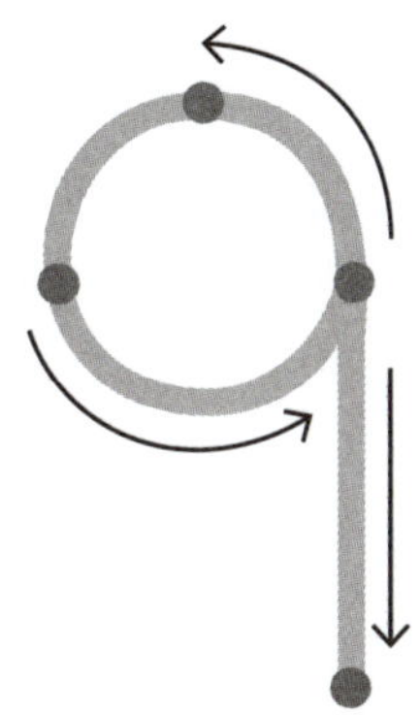

NOVE

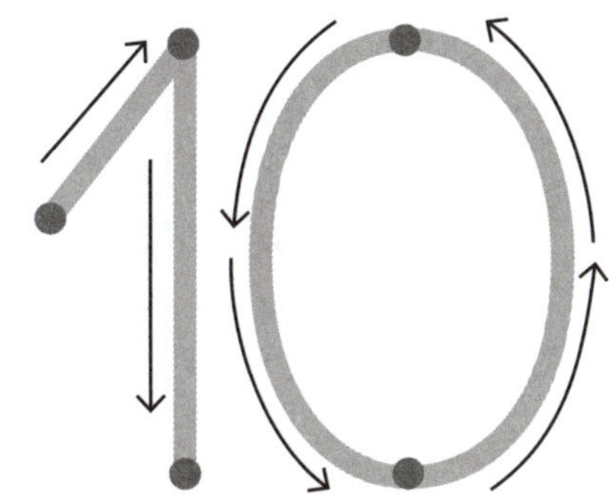

DEZ

VAMOS LIGAR?

* CONTE O MATERIAL ESCOLAR APONTANDO CADA UM COM O DEDO. DEPOIS, LIGUE CADA GRUPO AO NÚMERO CORRESPONDENTE.

6

7

8

9

10

1 2 3 4 5 6 7 8 9 10

NÚMEROS, FIGURAS E CORES

ESTE É O ROBÔ DE IVO. VAMOS CONTAR AS PEÇAS QUE FORMAM O CORPO DELE?

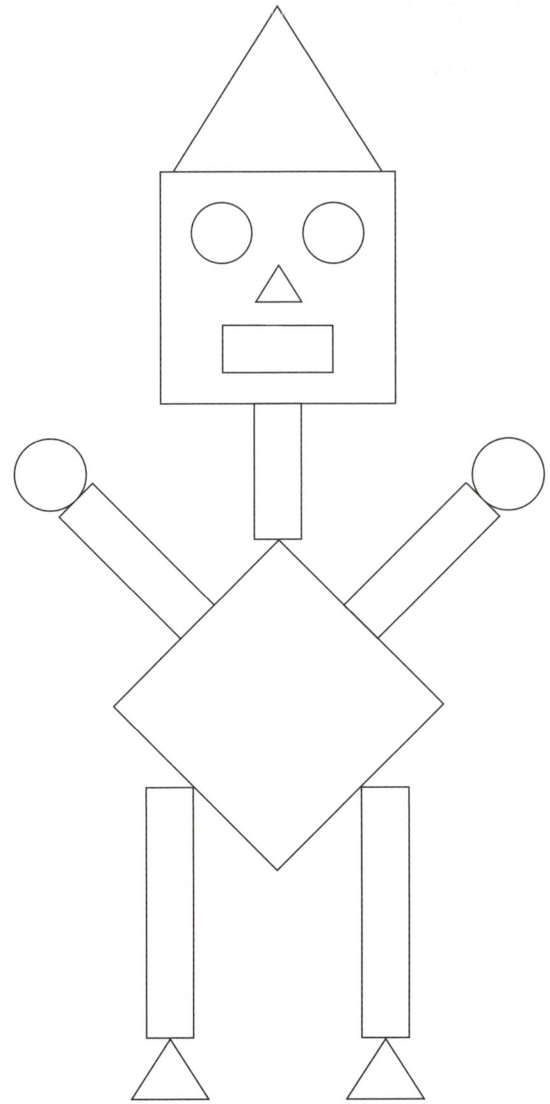

* RESPONDA:

QUANTOS ?

QUANTOS ?

QUANTOS ?

QUANTOS ?

* AGORA, PINTE DE:

AZUL TODOS OS

VERMELHO TODOS OS

AMARELO TODOS OS

VERDE TODOS OS

NÚMEROS DE 6 A 10

- CONTE OS ELEMENTOS APONTANDO-OS COM O DEDO. DEPOIS, MARQUE COM UM **X** A RESPOSTA CORRETA.

- QUANTAS PATAS TEM A ARANHA?

6 7 8

9 10

- QUANTOS BALÕES PODEMOS CONTAR?

6 7 8

9 10

JOGAR E CONTAR

* RAFAEL JOGOU O DADO TRÊS VEZES. ESCREVA O NÚMERO DE PONTOS QUE MOSTRA CADA DADO.

* ESTA É A CACHORRA DE BIA. ELA SE CHAMA MILI. QUANTOS FILHOTES ELA TEM? CONTE E ESCREVA.

FILHOTES

1 2 3 4 5 6 7 8 9 10

CONTAR E LIGAR

* CONTE AS LETRAS DA PALAVRA **MATEMÁTICA** APONTANDO-AS COM O DEDO.

M A T E M Á T I C A

* QUANTAS LETRAS TEM ESSA PALAVRA? MARQUE COM UM **X**.

6 7 8

9 10

* LIGUE OS NÚMEROS DE **1** A **10** E DESCUBRA UM MEIO DE TRANSPORTE. QUAL É O NOME DELE?

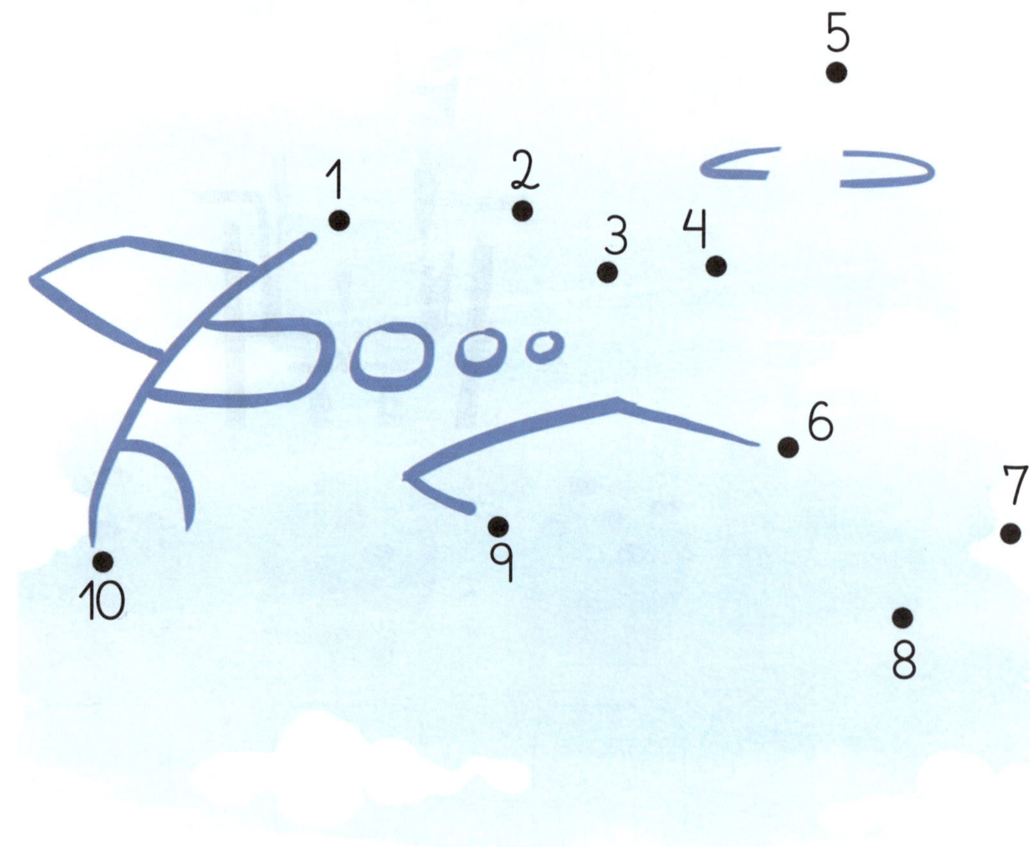

1 2 3 4 5 6 7 8 9 10

projeto

ápis

EDUCAÇÃO INFANTIL

LINGUAGENS, MATEMÁTICA, NATUREZA E SOCIEDADE

1

ea
editora ática

LUIZ ROBERTO DANTE

- LIVRE-DOCENTE EM EDUCAÇÃO MATEMÁTICA PELA UNESP – RIO CLARO
- DOUTOR EM PSICOLOGIA DA EDUCAÇÃO: ENSINO DA MATEMÁTICA PELA PUC – SÃO PAULO
- MESTRE EM MATEMÁTICA PELA USP
- LICENCIADO EM MATEMÁTICA PELA UNESP – RIO CLARO
- PESQUISADOR EM ENSINO E APRENDIZAGEM DA MATEMÁTICA PELA UNESP – RIO CLARO
- EX-PROFESSOR DO ENSINO FUNDAMENTAL E DO ENSINO MÉDIO NA REDE PÚBLICA
- AUTOR DE LIVROS PARA A EDUCAÇÃO BÁSICA

NOEMI BIANCHINI

- DOUTORA EM SOCIOLOGIA DA EDUCAÇÃO PELO PROGRAMA EDUCAÇÃO, HISTÓRIA, POLÍTICA E SOCIEDADE DA PUC – SÃO PAULO
- MESTRA EM EDUCAÇÃO ESCOLAR PELA UNESP – ARARAQUARA
- PÓS-GRADUADA EM TEORIA E CRÍTICA LITERÁRIA PELA UNESP – ARARAQUARA
- LICENCIADA EM LETRAS E PEDAGOGIA PELA FFCLA – FACULDADE DE FILOSOFIA, CIÊNCIAS E LETRAS DE ARARAS
- EXPERIÊNCIA COMO SUPERVISORA E COORDENADORA DE CONTEÚDOS PARA CURSOS DE FORMAÇÃO DE PROFESSORES
- EX-PROFESSORA DOS CURSOS DE GRADUAÇÃO E PÓS-GRADUAÇÃO NAS ÁREAS DE CURRÍCULO, LEGISLAÇÃO, GESTÃO E ALFABETIZAÇÃO
- EX-PROFESSORA DO ENSINO FUNDAMENTAL E DO ENSINO MÉDIO NAS REDES PÚBLICA E PRIVADA

editora ática

Direção de inovação e conteúdo: Guilherme Luz
Direção editorial: Luiz Tonolli e Renata Mascarenhas
Gestão de projeto editorial: Tatiany Renó
Gestão e coordenação de área: Ronaldo Rocha
Edição: Ronaldo Rocha, André Luiz Ramos de Oliveira (assist.)
Gerência de produção editorial: Ricardo de Gan Braga
Planejamento e controle de produção: Paula Godo, Roseli Said e Juliana Batista
Revisão: Hélia de Jesus Gonsaga (ger.), Kátia Scaff Marques (coord.), Rosângela Muricy (coord.), Brenda T. de Medeiros Morais, Claudia Virgilio, Lilian M. Kumai, Luís Maurício Boa Nova, Paula T. de Jesus e Vanessa de Paula Santos
Edição de arte: André Gomes Vitale (coord.) e Christine Getschko (edição de arte)
Diagramação: Bárbara de Souza Silva, Lourenzo Acunzo e Renato Akira Belarmino dos Santos
Iconografia e licenciamento de texto: Sílvio Kligin (superv.), Denise Durand Kremer (coord.), Claudia Bertolazzi, Claudia Cristina Balista, Ellen Colombo Finta e Fernando Cambetas (pesquisa iconográfica), Liliane Rodrigues e Luciana Sposito dos Santos Pereira (licenciamento de textos)
Tratamento de imagem: Cesar Wolf e Fernanda Crevin
Ilustrações: Maurenilson Freire (capa) e Biry Sarkis (miolo)
Capa: Gláucia Correa Koller
Projeto gráfico de miolo: Christine Getschko

Avenida das Nações Unidas, 7221, 3º andar, Setor A
Pinheiros – São Paulo – SP – CEP 05425-902
Tel.: 4003-3061
www.atica.com.br / editora@atica.com.br

Dados Internacionais de Catalogação na Publicação (CIP)
(Câmara Brasileira do Livro, SP, Brasil)

Dante, Luiz Roberto
Projeto Ápis : linguagens, matemática, natureza e sociedade : educação infantil : volume 1 ao 3 / Luiz Roberto Dante, Noemi Bianchini. -- 2. ed. -- São Paulo : Ática, 2017. -- (Projeto Ápis educação infantil)

1. Linguagem (Educação infantil) 2. Matemática (Educação infantil) 3. Natureza (Educação infantil) 4. Sociedade (Educação infantil) I. Bianchini, Noemi. II. Título. III. Série.

17-02031 CDD-372.21

Índice para catálogo sistemático:

1. Ensino integrado : Livros-texto : Educação Infantil 372.21

2018
ISBN 978 85 0818 437 8 (AL)
ISBN 978 85 0818 438 5 (PR)
Código da obra CL 740067
CAE 621138 (AL) / 621139 (PR)
2ª edição
2ª impressão

Impressão e acabamento: Corprint

Uma publicação SOMOS EDUCAÇÃO

O **PROJETO ÁPIS EDUCAÇÃO INFANTIL**
CHEGA ATÉ VOCÊ TRAZENDO MUITO APRENDIZADO!

COM UMA LINGUAGEM SIMPLES E ATRAENTE, OS CONTEÚDOS ACOMPANHAM A EVOLUÇÃO DAS CRIANÇAS.

COMPARTILHE, APRENDA E DIVIRTA-SE!

DANTE E NOEMI

CONHEÇA SEU LIVRO

ESTA É A **TURMA DO GUI**, QUE ACOMPANHARÁ VOCÊ DURANTE TODO O ANO.

GUI **RAFAEL** **CLARA** **BIA** **IVO**

MATERIAL DE APOIO SEMPRE QUE VOCÊ ENCONTRAR ESTE ÍCONE SIGNIFICA QUE **HÁ PEÇAS E FIGURAS A SEREM DESTACADAS** NO FINAL DO LIVRO.

SUGESTÃO DE... O BOXE **SUGESTÃO DE...** APRESENTA MATERIAIS EXTRAS QUE COMPLEMENTAM OS TEMAS TRABALHADOS EM SALA DE AULA, AMPLIANDO O APRENDIZADO!

ESTAS SÃO AS SEÇÕES DO SEU LIVRO:

ABERTURAS DE UNIDADES
APRESENTAM IMAGENS SOBRE O TEMA QUE SERÁ ESTUDADO.

HORA DA HISTÓRIA
MOMENTO PARA OUVIR E CONTAR HISTÓRIAS E DEPOIS REALIZAR ATIVIDADES.

HORA DO JOGO
ATIVIDADES E JOGOS DIVERTIDOS PARA APRENDER MUITO MAIS!

HORA DA CURIOSIDADE
TRAZ ATIVIDADES PARA AMPLIAR CONHECIMENTOS A RESPEITO DO LUGAR ONDE SE VIVE.

HORA DA BRINCADEIRA
TRAZ ATIVIDADES DE ARTES, MÚSICA, MOVIMENTO E EXPRESSÃO CORPORAL.

SUMÁRIO

UNIDADE 1

TODOS NÓS E A NATUREZA

TURMA DO GUI

GUI TEM VÁRIOS AMIGOS NA ESCOLA: BIA, RAFAEL, CLARA E IVO. ELES ESTÃO SEMPRE JUNTOS.

* VOCÊ TAMBÉM TEM AMIGOS NA ESCOLA? CONTE COMO ELES SÃO.

EU SOU ASSIM

VOCÊ CONHECEU A TURMA DO GUI.

* AGORA, APRESENTE-SE E FAÇA UM DESENHO DE COMO VOCÊ É.

SUGESTÃO DE CD

O ELEFANTE E A JOANINHA, DE HÉLIO ZISKIND. MCD, 2011.

OUÇA A CANÇÃO "DA TESTA À SOLA DO PÉ", CANTE E BRINQUE COM OS COLEGAS.

ANIVERSÁRIO DO GUI

ESTA É A FESTA DE ANIVERSÁRIO DO GUI. OBSERVE AS VELINHAS NO BOLO E RESPONDA:

* QUANTOS ANOS GUI ESTÁ FAZENDO? COMO VOCÊ DESCOBRIU?

* E VOCÊ, QUANTOS ANOS TEM? CONTORNE O GRUPO DE VELINHAS QUE REPRESENTA A SUA IDADE.

* VAMOS CANTAR PARABÉNS PARA O GUI? QUAL CANÇÃO VOCÊ COSTUMA CANTAR NOS ANIVERSÁRIOS?

VAMOS IMAGINAR?

- O QUE VOCÊ ACHA QUE HÁ NESTA CAIXA QUE GUI GANHOU?

- E VOCÊ, O QUE GOSTARIA DE GANHAR NO SEU ANIVERSÁRIO?

QUE PRESENTE LEGAL!

GUI GANHOU DE SEUS AVÓS UM PRESENTE MUITO DIFERENTE.

* VOCÊ JÁ VIU ALGO PARECIDO? SABE PARA QUE SERVE?

* TENTE REPETIR O TRAVA-LÍNGUA BEM RÁPIDO!

O TEMPO PERGUNTOU PRO TEMPO
QUANTO TEMPO O TEMPO TEM.
O TEMPO RESPONDEU PRO TEMPO
QUE O TEMPO TEM TANTO TEMPO
QUANTO TEMPO O TEMPO TEM.

TRAVA-LÍNGUA POPULAR.

RELÓGIOS

VEJA QUANTOS RELÓGIOS DIFERENTES!

* CONTORNE OS RELÓGIOS QUE VOCÊ CONHECE.

AS IMAGENS DESTA PÁGINA NÃO ESTÃO REPRESENTADAS EM PROPORÇÃO.

ALEKSANDR KURGANOV/SHUTTERSTOCK/GLOW IMAGES

HERMESMEREGHETTISTUDIO/ALAMY/GLOW IMAGES

TOSSAPORN SAKKABANCHORN/SHUTTERSTOCK/GLOW IMAGES

KASTIANZ/SHUTTERSTOCK/GLOW IMAGES

VILAX/SHUTTERSTOCK/GLOW IMAGES

DJA65/SHUTTERSTOCK/GLOW IMAGES

* ACOMPANHE A LEITURA DO POEMA FEITA PELO PROFESSOR.

TEMPO DOS PONTEIROS

UMA MENINA COLECIONA RELÓGIOS.
DE PAPEL, DE PLÁSTICO, DE LOUÇA, DE BRONZE, DE MADEIRA.
RELÓGIOS DE ANTES E DE AGORA.
RELÓGIOS GRANDES E PEQUENOS.
RELÓGIOS DE BRINCAR E DE USAR.
DE PULSO, DE BOLSO, DE MESA, DE PAREDE.
ELA GOSTA TAMBÉM DE RECORTAR RELÓGIOS DE REVISTAS.

POEMAS DO TEMPO, DE NINFA PARREIRAS. SÃO PAULO: PAULINAS, 2009.

O DIA E A NOITE

ALGUMAS CRIANÇAS GOSTAM MAIS DO DIA. OUTRAS GOSTAM MAIS DA NOITE.

ELENAMIV/SHUTTERSTOCK/GLOW IMAGES

THINKSTOCK/GETTY IMAGES

* MARQUE COM UM **X** A IMAGEM DO PERÍODO DO DIA DE QUE VOCÊ MAIS GOSTA.

AS CORES NA NATUREZA – O AMARELO

AMARELOS

AMARELO É O COLORIDO
DOS CANARINHOS,
DA PENUGEM DOS PINTINHOS,
DA BUNDINHA DAS ABELHAS
E DE TANTOS OUTROS BICHINHOS.

UMA COR, DUAS CORES, TODAS ELAS, DE LALAU E LAURABEATRIZ.
SÃO PAULO: COMPANHIA DAS LETRINHAS, 1997.

- USE A COR AMARELA PARA PINTAR OS DESENHOS.
- QUANTOS ANIMAIS HÁ NA CENA?

PINTINHO AMARELINHO

* CANTE A CANTIGA COM O PROFESSOR.

MEU PINTINHO AMARELINHO

MEU PINTINHO AMARELINHO
CABE AQUI NA MINHA MÃO
NA MINHA MÃO

QUANDO QUER COMER BICHINHOS
COM SEUS PEZINHOS ELE CISCA O CHÃO.
[...]

CANTIGA POPULAR.

MATERIAL DE APOIO

* VAMOS MONTAR E COLAR OS PINTINHOS? DESTAQUE AS PEÇAS DA **PÁGINA 3**.

O AZUL

* O QUE É AZUL NA NATUREZA?
* DESENHE OU RECORTE E COLE ELEMENTOS QUE ENCONTRAMOS NA COR AZUL.

MUITOS TONS DE AZUL

* VAMOS CANTAR?

VESTI AZUL!

VESTI AZUL!
MINHA SORTE ENTÃO MUDOU
VESTI AZUL!
MINHA SORTE ENTÃO MUDOU...
[...]

NEM VEM QUE NÃO TEM: **GRANDES SUCESSOS** (CD), DE WILSON SIMONAL (COMPOSITOR NONATO BUZAR). EMI MUSIC, 2011.

* RECORTE PAPEL AZUL, SOLTE A IMAGINAÇÃO E FAÇA UMA COLAGEM PARA A CANÇÃO.

DIA NUBLADO

* OUÇA COM ATENÇÃO A ADIVINHA E TENTE DESCOBRIR A RESPOSTA.

QUANDO SOU BRANCA,
PAREÇO ALGODÃO.
SE FICO ESCURA,
CORRA QUE LÁ VEM CHUVA.
QUEM SOU EU?

ADIVINHAS E TRAVA-LÍNGUAS, DE LIBSA.
SÃO PAULO: CARAMELO, 2009.

MATERIAL DE APOIO

* DESTAQUE, MONTE E COLE AS PEÇAS DA **PÁGINA 3** PARA COMPLETAR A FIGURA.

OLGATLT63/SHUTTERSTOCK

UM DIA DE CHUVA

MATERIAL DE APOIO

* DESTAQUE AS CENAS DA **PÁGINA 5** E COLOQUE-AS NA SEQUÊNCIA CORRETA.

1

2

3

* VOCÊ GOSTA DE UM DIA DE CHUVA? POR QUÊ?
* DESENHE O QUE VOCÊ VÊ EM UM DIA DE CHUVA.

SUGESTÃO DE LIVRO

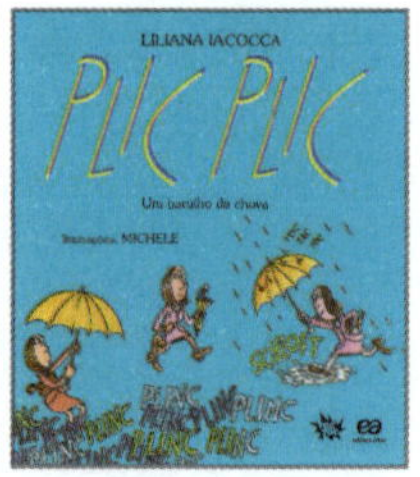

PLIC PLIC: UM BARULHO DA CHUVA, DE LILIANA IACOCCA. SÃO PAULO: ÁTICA, 2010.

GUARDA-CHUVAS

* ACOMPANHE A LEITURA DO PROFESSOR.

GUARDA-CHUVAS

TENHO QUATRO GUARDA-CHUVAS
TODOS OS QUATRO COM DEFEITO:
UM EMPERRA QUANDO ABRE,
OUTRO NÃO FECHA DIREITO.

UM DELES VIRA AO CONTRÁRIO
SE EU ABRO SEM TER CUIDADO.
OUTRO, ENTÃO, SOLTA AS VARETAS
E FICA TODO AMASSADO.
[...]

CHEIRO DE CHUVA, DE ROSANA RIOS. SÃO PAULO: STUDIO NOBEL, 2003.

* COMPLETE O GUARDA-CHUVA. DEPOIS, PINTE BEM COLORIDO.

CHOVE PRA CHUCHU!

* VAMOS REPETIR O REFRÃO DA CANÇÃO "NOÉ"?

NOÉ

CHOVE CHUVA, CHUVA CHOVE, CHOVE PRA CHUCHU
CHUVA CHOVE, CHOVE CHUVA, CHOVE PRA CHUCHU
[...]

MIL PÁSSAROS (CD), DE PALAVRA CANTADA. MCD, 1999.

MATERIAL DE APOIO

* DESTAQUE AS FIGURAS DA **PÁGINA 5** E COLE-AS NAS SOMBRAS CORRESPONDENTES PARA COMPLETAR O DESENHO.

SUGESTÃO DE DVD

VEM DANÇAR COM A GENTE, DE PALAVRA CANTADA. MCD, 2011. OUÇA A CANÇÃO "DE GOTINHA EM GOTINHA", CANTE E BRINQUE COM OS COLEGAS.

SOL OU CHUVA?

- VAMOS BRINCAR COM AS MÃOS?
- PRESTE ATENÇÃO AO COMANDO DO PROFESSOR E BRINQUE COM OS COLEGAS.

REGRAS

1. NÚMERO DE PARTICIPANTES: TODOS OS ALUNOS DA TURMA.
2. O PROFESSOR DIZ **SOL** E TODOS DEVEM LEVANTAR AS MÃOS ABERTAS OU DIZ **CHUVA** E TODOS DEVEM ABAIXAR AS MÃOS ABERTAS.
3. O ALUNO QUE NÃO ACERTAR SAI DO JOGO.
4. VENCE O ALUNO QUE FICAR ATÉ O FINAL DO JOGO.

MATERIAL DE APOIO

- AGORA, DESTAQUE AS FIGURAS DA **PÁGINA 7** E COLE-AS NO LUGAR CORRETO.

O VENTO

* ACOMPANHE A LEITURA DO PROFESSOR.

VENTO SOPROU

VENTO SOPROU, SOPROU, SOPROU
LEVOU ASA-DELTA PARA PASSEAR
VENTO SOPROU, SOPROU, SOPROU
LEVOU O VELEIRO PRO MEIO DO MAR
[...]

POR QUÊ? (CD), DE RITA RAMEH E LUIZ WAACK. H. STUDIO WAACK, 2006.

ALEXANDRA LANDE/ SHUTTERSTOCK

* LEVE A ASA-DELTA PARA PASSEAR. TRACE UMA LINHA PELA PÁGINA PARA INDICAR SEU VOO.

O VENTO E A PIPA

* ACOMPANHE A LEITURA FEITA PELO PROFESSOR.

APRUMO A MÁQUINA.
DOU LINHA À PIPA
E ELA SOBE ALTO
PELA FORÇA DO VENTO.

O VENTO É FELIZ
PORQUE LEVA A PIPA,
A PIPA É FELIZ
PORQUE TEM O VENTO.

SE TUDO CORRER BEM,
PIPA E VENTO,
NUM LINDO MOMENTO,
VÃO CHEGAR AO CÉU.

"A PIPA E O VENTO",
DE CLEONICE RAINHO THOMAZ RIBEIRO.
DISPONÍVEL EM: <WWW.JORNALDEPOESIA.JOR.BR/CLEO.HTML>. ACESSO EM: 26 OUT. 2016.

* TRACE OS PEDAÇOS DE LINHA DAS PIPAS QUE ESTÃO FALTANDO.
* CONTORNE A PIPA QUE ESTÁ VOANDO MAIS ALTO E FAÇA UM **X** NA QUE ESTÁ VOANDO MAIS BAIXO.

UM, DOIS, TRÊS, JÁ!

- CONTE OS ELEMENTOS EM CADA QUADRO.
- REPRESENTE AS QUANTIDADES COM RISQUINHOS.

QUAL É A PRÓXIMA COR?

* DESCUBRA O SEGREDO E PINTE OS LAÇOS QUE FALTA PINTAR.

COLEÇÃO DE LAÇOS

OBSERVE OS LAÇOS DAS MENINAS.

- PINTE A ROUPA DA MENINA QUE TEM MENOS LAÇOS.
- CONTORNE A MENINA QUE TEM MAIS LAÇOS.

PARA QUE LADO O VENTO SOPRA?

VOCÊ JÁ OUVIU FALAR DE UM OBJETO CONHECIDO COMO BIRUTA? SABE PARA QUE ELE SERVE?

* COM A AJUDA DE UM ADULTO, VAMOS CONSTRUIR UMA BIRUTA.

1. CORTE ALGUMAS TIRAS DE SACOLAS PLÁSTICAS E COLE-AS EM UMA TIRA DE CARTOLINA DE APROXIMADAMENTE 5 CENTÍMETROS.

2. RECORTE UM ANEL DA GARRAFA PET (DE CERCA DE 6 CENTÍMETROS) E COLE NELE A TIRA DE CARTOLINA COM AS TIRAS DE PLÁSTICO.

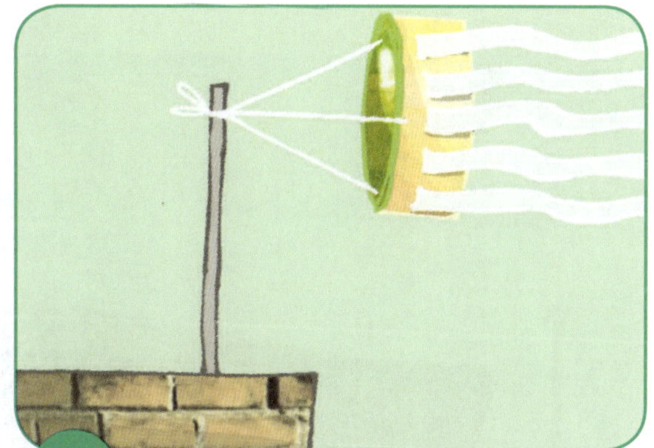

3. ESCOLHA UM LOCAL EM SUA CASA QUE RECEBA VENTO E PRENDA A BIRUTA COM PEDAÇOS DE BARBANTE.

AGORA É SÓ OBSERVAR A DIREÇÃO DO VENTO.

O VENTO E AS BANDEIRAS

* OBSERVE AS IMAGENS E CONTORNE A BANDEIRA QUE ESTÁ EM UM LUGAR ONDE O VENTO ESTÁ MAIS FORTE.

FOTOS: SHUTTERSTOCK/GLOW IMAGES

BANDEIRA DO BRASIL

MATERIAL DE APOIO

- VOCÊ SABE O NOME DE TODAS AS CORES QUE APARECEM NA BANDEIRA DO BRASIL?
- DESTAQUE E COLE A FIGURA DA **PÁGINA 7** PARA COMPLETAR A BANDEIRA DO BRASIL.

- DEPOIS, TERMINE DE PINTAR A BANDEIRA.

RETÂNGULO

* OBSERVE O CONTORNO QUE LEMBRA A FORMA DA BANDEIRA DO BRASIL.
* CUBRA A LINHA TRACEJADA COM CANETINHA VERDE.

* OBSERVE A FIGURA DO RETÂNGULO NA BANDEIRA DO BRASIL.

CÍRCULO

* OBSERVE A FORMA QUE LEMBRA A PARTE CENTRAL DA BANDEIRA DO BRASIL.

* CUBRA A LINHA TRACEJADA COM GIZ DE CERA.

REGRAS

MATERIAL DE APOIO

1. CONVIDE UM COLEGA PARA JOGAR COM VOCÊ.
2. DESTAQUE AS CARTAS DA **PÁGINA 9**.
3. VIRE AS CARTAS COM AS FIGURAS PARA BAIXO.
4. UM JOGADOR POR VEZ DEVERÁ ESCOLHER DUAS CARTAS E DESVIRÁ-LAS.
5. SE OS OBJETOS FOREM DIFERENTES, O JOGADOR DEVERÁ DIZER O NOME DOS OBJETOS E VIRAR AS CARTAS NO MESMO LUGAR.
6. SE OS OBJETOS FOREM IGUAIS, O JOGADOR FICA COM O PAR DE CARTAS.
7. VENCE O JOGADOR QUE TIVER O MAIOR NÚMERO DE CARTAS.

O VERMELHO

NA NATUREZA, MUITAS COISAS TÊM A COR VERMELHA.

AS IMAGENS DESTA PÁGINA NÃO ESTÃO REPRESENTADAS EM PROPORÇÃO.

IRIN-K/SHUTTERSTOCK

ALEXLUKIN/SHUTTERSTOCK

TOPSELLER/SHUTTERSTOCK

TIMUR/SHUTTERSTOCK

MAKSNARODENKO/SHUTTERSTOCK

LIUDACOROLEWA/SHUTTERSTOCK

KOKHANCHIKOV/SHUTTERSTOCK

- CONTORNE COM LÁPIS ▬ O QUE VOCÊ JÁ VIU NA NATUREZA.

MUITOS QUADRADOS EM UM JOGO SÓ!

- OBSERVE O TABULEIRO. QUAL A SUA FORMA?

BCALKINS/SHUTTERSTOCK/GLOWIMAGES

- DESTAQUE E COLE A FIGURA DO QUADRADO DA **PÁGINA 11**.
- PASSE O DEDO NO CONTORNO DA FIGURA QUE VOCÊ COLOU.

CHAPÉU DE TRÊS PONTAS

* VAMOS CANTAR JUNTOS?

O MEU CHAPÉU TEM TRÊS PONTAS

O MEU CHAPÉU TEM TRÊS PONTAS
TEM TRÊS PONTAS O MEU CHAPÉU
SE NÃO TIVESSE TRÊS PONTAS
NÃO SERIA O MEU CHAPÉU

CANTIGA POPULAR.

* DOBRE UM PEDAÇO DE PAPEL QUADRADO COMO MOSTRA A FIGURA AO LADO.

* QUE FORMA VOCÊ ENCONTROU? COMPARE-A COM A DO CHAPÉU.

TRIÂNGULO

- OBSERVE O CONTORNO QUE LEMBRA A FORMA DO CHAPÉU DE TRÊS PONTAS. ESSA FIGURA SE CHAMA **TRIÂNGULO**.

- CUBRA A LINHA TRACEJADA COM CANETINHA .

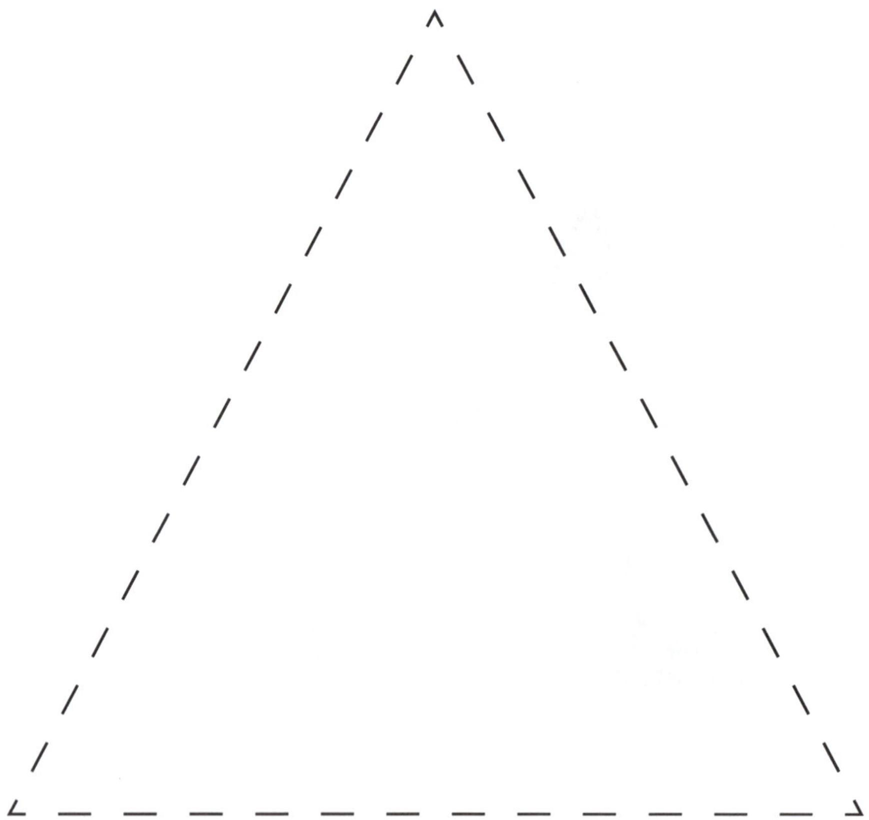

- OBSERVE A FIGURA DE UM TRIÂNGULO NA PLACA DE TRÂNSITO.

CREATION/SHUTTERSTOCK

- QUANTAS PONTAS TEM O TRIÂNGULO?

PASSEIO DE GUI E BIA

MATERIAL DE APOIO

* OBSERVE A CENA. COMO PROTEGER GUI E BIA DO SOL?
* DESTAQUE AS FIGURAS DA **PÁGINA 11**, CONVERSE SOBRE ELAS E COMPLETE A CENA.

BRINCADEIRA NA AREIA

GUI E BIA ESTÃO CONSTRUINDO UM CASTELO NA AREIA.

* AJUDE-OS A COMPLETAR O CASTELO.

HORA DA HISTÓRIA RAPUNZEL

- VOCÊ CONHECE ALGUMA HISTÓRIA EM QUE HÁ UM CASTELO?

- PINTE OS CABELOS DE RAPUNZEL.
- COMO SÃO AS TRANÇAS DELA: COMPRIDAS OU CURTAS?

UNIDADE 2

TODOS NÓS E NOSSAS FAMÍLIAS

EU E MINHA FAMÍLIA

* DESENHE SUA FAMÍLIA. CONTE AOS COLEGAS COMO ELA É.

UM PARA O OUTRO

UM MAIS UM, MAIS UM, MAIS UM,
SÃO TODOS QUE EU GOSTO.
UM MAIS UM, MAIS UM, MAIS UM,
SOU EU E JÁ SOU TANTOS.
UM MAIS UM, MAIS UM, MAIS UM,
DE MÃOS DADAS RODANDO.
UM MAIS UM, MAIS UM, MAIS UM,
SOMOS UM NO MEIO DOS OUTROS.
O QUE EU SOU PRA VOCÊ?
O QUE VOCÊ É PRA MIM?
O QUE NÓS SOMOS JUNTOS?

MÚSICA EM FAMÍLIA (LIVRO-CD), DE PAULA SANTISTEBAN E EDUARDO BOLOGNA, 2011.

VOCÊ CONHECEU ALGUMAS PESSOAS DA MINHA FAMÍLIA.

* QUANTAS PESSOAS HÁ NA SUA FAMÍLIA?

SUGESTÃO DE CD

POR QUÊ?, DE RITA RAMEH E LUIZ WAAK, TRATORE, 2010. OUÇA A CANÇÃO "FAMÍLIA".

COMO TUDO COMEÇOU

UM POUCO DA MINHA HISTÓRIA

* PEÇA A UM ADULTO QUE COLE UMA FOTO SUA E PREENCHA OS DADOS DA FICHA.

O QUE É, O QUE É?
QUE É MEU,
MAS MEUS AMIGOS
USAM MAIS
DO QUE EU?

ADIVINHA POPULAR.

MEU NOME É: ______________________________

EU NASCI NA CIDADE DE: ______________________________

NO DIA: ______________________________

HOJE TENHO:

* CONTORNE ACIMA A QUANTIDADE DE DEDOS QUE CORRESPONDE À SUA IDADE.

QUEM É VOCÊ?

* ACOMPANHE A LEITURA DO PROFESSOR. DEPOIS, DESENHE VOCÊ.

RECEITA DE SE OLHAR NO ESPELHO

SE OLHE DE FRENTE
DE LADO
DE COSTAS
DE CABEÇA PARA BAIXO
[...]

FAÇA CARETAS RIA SORRIA
FECHE OS OLHOS ABRA OS OLHOS
E SE VEJA SEMPRE SURPRESA

QUEM É VOCÊ?

RECEITAS DE OLHAR, DE ROSEANA MURRAY. 3. ED. SÃO PAULO: FTD, 1999. (COLEÇÃO FALAS POÉTICAS).

NOSSO CORPO FAZ BARULHOS

* ACOMPANHE A LEITURA DO PROFESSOR.

QUE SOM?

QUE SOM, VOCÊ, AGORA VAI FAZER
FAÇA UM SOM DO CORPO PRA QUE EU POSSA APRENDER
É 1, É 2, É 3 E JÁ.
[...]

BARBATUQUES TUM PÁ (CD), DE JOÃO SIMÃO. MCD, 2012.

* QUANTAS SÃO AS CRIANÇAS?
* CONTORNE OS PERSONAGENS QUE USAM A MESMA PARTE DO CORPO PARA FAZER BARULHOS.

SUGESTÃO DE LIVRO

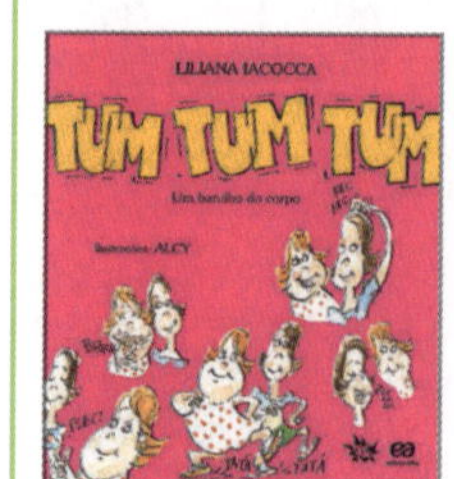

REPRODUÇÃO/EDITORA ÁTICA

TUM TUM TUM: UM BARULHO DO CORPO, DE LILIANA IACOCCA. SÃO PAULO: ÁTICA, 2011.

LÁ EM CASA, TIQUE-TAQUE!

VOCÊ JÁ PAROU PARA PENSAR EM QUANTAS COISAS FAZEMOS EM UM DIA?

* OBSERVE A ROTINA DE BIA:

* E VOCÊ, O QUE FAZ EM UM DIA? CONTE AOS COLEGAS.

HORA DE ACORDAR. BOM DIA!

* ACOMPANHE A LEITURA FEITA PELO PROFESSOR E, DEPOIS, TENTE RESPONDER À ADIVINHA.

A CAMA FICA BONITA
SE NELA ME ESTENDER.
DURANTE O INVERNO
SIRVO PARA AQUECER.
QUEM SOU EU?

ADIVINHAS E TRAVA-LÍNGUAS, DE LIBSA.
SÃO PAULO: CARAMELO, 2009.

* PINTE O COBERTOR DE IVO SEGUINDO OS NÚMEROS RELACIONADOS COM CADA COR.

1 ——— 2 ——— 3 ——— 4 ———

SONS DA MANHÃ

* IDENTIFIQUE OS SONS QUE IVO OUVE QUANDO ACORDA.

* QUAL É O SOM QUE VOCÊ COSTUMA OUVIR AO ACORDAR?

BEM LIMPINHO, BEM CUIDADO

MATERIAL DE APOIO

- DESTAQUE AS CENAS DA **PÁGINA 13**.
- COLE AS CENAS NA SEQUÊNCIA EM QUE VOCÊ COSTUMA FAZER SUA HIGIENE AO SE LEVANTAR DE MANHÃ.

- O QUE VOCÊ JÁ FAZ SEM PRECISAR DE AJUDA? MARQUE AS IMAGENS ACIMA COM UM **X**.

SUGESTÃO DE LIVRO

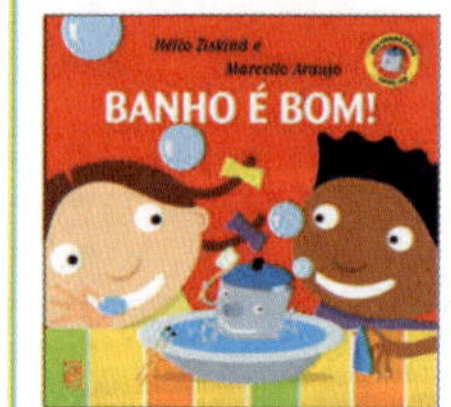

BANHO É BOM!, DE HÉLIO ZISKIND E MARCELLO ARAUJO. SÃO PAULO: SALAMANDRA, 2003.

CUIDAR DOS DENTES

- CANTE A CANÇÃO COM O PROFESSOR.

RAP DA ESCOVA

[...]
ESCOVA, ESCOVA, ESCOVA,
ESCOVA SEM PARAR
ESCOVA, ESCOVA, ESCOVA,
SÓ NÃO ESCOVA QUEM NÃO QUER

PEGA NA ESCOVA
PRUM LADO E PRO OUTRO
MEXE MEXE MEXE
PRA CIMA E PRA BAIXO
[...]

RAP **DA ESCOVA**, DE A TURMA DO SEU LOBATO. V. 2.

- FAÇA ALGUNS TRAÇOS PARA REPRESENTAR OS MOVIMENTOS DA ESCOVAÇÃO DOS DENTES.

DE UM LADO PARA O OUTRO

PARA CIMA E PARA BAIXO

VAMOS AJUDAR!

* OBSERVE AS IMAGENS A SEGUIR.

* CONTORNE AS FIGURAS QUE DEMONSTRAM BOAS PRÁTICAS NO DIA A DIA.

HORA DA ALIMENTAÇÃO

- FAÇA UM **X** NOS ALIMENTOS QUE VOCÊ COSTUMA COMER OU BEBER NO CAFÉ DA MANHÃ.
- CONTORNE O COPO QUE ESTÁ MAIS CHEIO.

AS IMAGENS DESTA PÁGINA NÃO ESTÃO REPRESENTADAS EM PROPORÇÃO.

DENISNATA/SHUTTERSTOCK

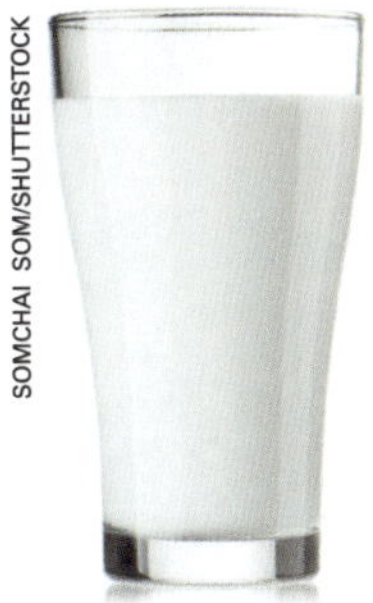
SOMCHAI SOM/SHUTTERSTOCK

SARAS66/ISTOCK/GETTY IMAGES

AYARX OREN/SHUTTERSTOCK

BAIBAZ/SHUTTERSTOCK

IAN 2010/SHUTTERSTOCK

MÁRCIO GARCEZ/FOLHAPRESS

LUIZ ROCHA/SHUTTERSTOCK

- SE VOCÊ NÃO CONSOME NENHUM DESTES ALIMENTOS, DESENHE NO ESPAÇO ACIMA O QUE COSTUMA TER NO SEU CAFÉ DA MANHÃ.

NOSSO CORPO PRECISA DESCANSAR

* CANTE A CANÇÃO E, COM BOLINHAS DE BORRACHA, FAÇAM MASSAGEM UNS NOS OUTROS. DEPOIS, FAÇA UM DESENHO QUE REPRESENTE ESSE MOMENTO.

PODE RELAXAR

PODE RELAXAR, DESCANSA
PODE DESCANSAR, RELAXA
PODE RELAXAR, DESCANSA
SEM FALAR...

FECHE OS OLHOS
NÃO PENSE EM NADA
PODE RELAXAR
DESCANSA
[...]

PODE ESPREGUIÇAR, ESPREGUIÇA!
PODE ESPREGUIÇAR, ESPREGUIÇA!
PODE ESPREGUIÇAR, ESTICA OS BRAÇOS!
E ESTICA O CORPO E ESPREGUIÇA!

PRODUZIDO POR PICHU BORRELLI E MARGARETH DAREZZO. (CD) FAIXA 16.
GRAVAÇÃO E MIXAGEM: ESTÚDIO 440 HZ.

HORA DA BRINCADEIRA

* OBSERVE AS IMAGENS ABAIXO.

* QUANTOS SÃO OS DADINHOS?
* CONTORNE OS BRINQUEDOS QUE TÊM NÚMEROS.
* PINTE UM BRINQUEDO COM QUE VOCÊ COSTUMA BRINCAR.
* DESENHE AO LADO SEU BRINQUEDO PREFERIDO.

BRINCAR COM TRENZINHO

* VOCÊ JÁ BRINCOU DE TREM DE FERRO?
  CANTE E BRINQUE COM UM COLEGA.

O TREM DE FERRO QUANDO SAI DE PERNAMBUCO
VAI FAZENDO TCHUCO-TCHUCO
ATÉ CHEGAR NO CEARÁ.

O TREM DE FERRO QUANDO SAI DE PERNAMBUCO
VAI FAZENDO TCHUCO-TCHUCO
COM VONTADE DE PARAR.

CANTIGA POPULAR.

* FAÇA UM **X** NO TRENZINHO MAIS COMPRIDO.
* PINTE O TRENZINHO MAIS CURTO.

ANDAR DE BICICLETA

- TRACE O CAMINHO QUE BIA E O PAI DELA FAZEM QUANDO VÃO PASSEAR DE BICICLETA NO PARQUE.

- QUANTAS ÁRVORES HÁ NO MEIO DO LAGO?

SUGESTÃO DE CD

CASA DE BRINQUEDOS, DE TOQUINHO. UNIVERSAL, 1983. OUÇA A CANÇÃO “A BICICLETA”.

BOLAS E MAIS BOLAS

* ACOMPANHE A LEITURA DO POEMA FEITA PELO PROFESSOR.

BOLA DE GUDE

A MAIOR BOLA DO MUNDO
É DE FOGO E SE CHAMA SOL.
A BOLA MAIS CONHECIDA
É A DE JOGAR FUTEBOL.
CERTA BOLA COLORIDA
JOGAR BEM EU NUNCA PUDE
É DE VIDRO ESSA BANDIDA
E CHAMA-SE BOLA DE GUDE.

DEZENOVE POEMAS DESENGONÇADOS,
DE RICARDO AZEVEDO. SÃO PAULO: ÁTICA, 2000.

* LIGUE AS BOLAS QUE TÊM O MESMO TAMANHO.
* FAÇA UM **X** NA BOLA QUE TEM TAMANHO DIFERENTE DAS OUTRAS.

BRINCAR COM MONSTROS

MATERIAL DE APOIO

- DESTAQUE AS FIGURAS DA **PÁGINA 15** E MONTE OS MONSTRINHOS.
- COMPARE OS MONSTRINHOS QUE GUI E BIA DESENHARAM.

VAMOS GUARDAR BRINQUEDOS?

* O QUE VOCÊ VÊ NESTA ESTANTE?
  CONTE AOS COLEGAS E AO PROFESSOR.

* QUANTOS AVIÕES HÁ NA ESTANTE?

* E QUANTAS BOLAS?

BRINCANDO NO ESCORREGADOR

A TURMA DO GUI DIVERTIU-SE MUITO BRINCANDO NOS ESCORREGADORES.

* PINTE DE  O ESCORREGADOR MAIS ALTO.
* PINTE DE  O ESCORREGADOR MAIS BAIXO.
* QUANTAS CRIANÇAS ESTÃO BRINCANDO?

HORA DE ALMOÇAR

* RECITE A PARLENDA COM O PROFESSOR E OS COLEGAS.

UM, DOIS,
FEIJÃO COM ARROZ.
TRÊS, QUATRO,
FEIJÃO NO PRATO.
CINCO, SEIS,
FEIJÃO INGLÊS.
SETE, OITO,
COMER BISCOITO.
NOVE, DEZ,
COMER PASTÉIS.

PARLENDA POPULAR.

* PROCURE EM REVISTAS OU FOLHETOS DE SUPERMERCADO SEUS ALIMENTOS PREFERIDOS E COLE-OS NO PRATO ACIMA.

ALIMENTAÇÃO SAUDÁVEL

MATERIAL DE APOIO

* DESTAQUE AS IMAGENS DA **PÁGINA 15**. COLE NO PRATO ABAIXO OS ALIMENTOS NECESSÁRIOS PARA UMA BOA ALIMENTAÇÃO.

COMER, COMER,
COMER, COMER,
É O MELHOR PARA PODER CRESCER.

CANTIGA POPULAR.

TALHERES

* QUANTOS SÃO OS TALHERES DESTA MESA?
* CONTORNE OS TALHERES QUE VOCÊ COSTUMA USAR NA HORA DE COMER.

PRATO REDONDO, PRATO QUADRADO

- QUAL É A DIFERENÇA ENTRE ESTES DOIS PRATOS?

- CUBRA COM  O TRACEJADO DO PRATO REDONDO.
- CUBRA COM  O TRACEJADO DO PRATO QUADRADO.

MILHO-VERDE

- GUI GOSTA MUITO DE MILHO-VERDE. E VOCÊ, GOSTA?
- VOCÊ SABE QUAIS COMIDAS PODEMOS PREPARAR COM MILHO-VERDE?

- FAÇA UM **X** NA ESPIGA MAIS CURTA.
- CONTORNE A ESPIGA MAIS COMPRIDA.

HORA DE JANTAR

MATERIAL DE APOIO

QUE BELA SOPA!

* DESTAQUE AS FIGURAS DA **PÁGINA 17** E COLE AS CENAS NA SEQUÊNCIA CORRETA.

1

2

3

O QUE VOCÊ FAZ?

* DESENHE O QUE VOCÊ COSTUMA FAZER DEPOIS DO JANTAR E ANTES DE DORMIR.

HORA DE DORMIR. BOA NOITE!

VOCÊ CONHECE AS “PALAVRINHAS MÁGICAS” DA BOA CONVIVÊNCIA?

* ACOMPANHE A LEITURA DO TEXTO PARA RECONHECER ALGUMAS DELAS.

PALAVRINHAS MÁGICAS

BOM DIA, BOA TARDE, BOA NOITE
UM BEIJO, MÃE, UM BEIJO, PAI
BOM DIA, BOA TARDE, BOA NOITE
VIVER ASSIM É BOM DEMAIS...

É DEZ (CD), DE ELIANA. SONY/BMG, 2002.

* PINTE O PIJAMA DO GUI DE ACORDO COM A LEGENDA:

LISTRA LARGA:

LISTRA ESTREITA:

SUGESTÃO DE LIVRO

COMO OS DINOSSAUROS DIZEM BOA NOITE?, DE JANE YOLEN E MARK TEAGUE. SÃO PAULO: GLOBO, 2001.

A CIDADE ONDE MORO

* OBSERVE ESTAS FOTOS.

DELFIM MOREIRA/TYBA

BELO HORIZONTE, MINAS GERAIS.

ERNESTO REGHRAN/PULSAR IMAGENS

GUAÍRA, PARANÁ.

* CONTORNE A FOTO DA CIDADE QUE MAIS SE PARECE COM AQUELA EM QUE VOCÊ MORA.

ONDE MORO TEM...

* OBSERVE AS FOTOS A SEGUIR.

AS IMAGENS DESTA PÁGINA NÃO ESTÃO REPRESENTADAS EM PROPORÇÃO.

VINICIUS TUPINAMBA/SHUTTERSTOCK

MAR

JESS KRAFT/SHUTTERSTOCK

RIO

DONATAS DABRAVOLSKAS/SHUTTERSTOCK

MONTANHA

PAULO NABAS/SHUTTERSTOCK

CACHOEIRA

DET-ANAN/SHUTTERSTOCK

PARQUE

ALEKSANDAR TODOROVIC/SHUTTERSTOCK

LAGO

* CONTORNE AS PAISAGENS QUE VOCÊ PODE VER NO LUGAR EM QUE MORA.

ONDE MORAM OS VIZINHOS?

GUI MORA EM UM PRÉDIO E TEM DOIS VIZINHOS: IVO E BIA.
GUI MORA NO ANDAR DO MEIO, ONDE HÁ BELAS FLOREIRAS. IVO MORA NO ANDAR DE CIMA E BIA MORA NO ANDAR DE BAIXO.

* CONTORNE DE  AS JANELAS DO APARTAMENTO DE IVO.
* FAÇA UM **X** NAS JANELAS DO APARTAMENTO DE BIA.

* MONTE SUA CASINHA. COLE-A NO ESPAÇO INDICADO E, DEPOIS, DESENHE PARA COMPLETAR A DOBRADURA E A CENA.

O QUE HÁ EM UMA CASA?

JANELA, JANELINHA
PORTA, CAMPAINHA
PIRRIM, PIRRIM, PIRRIM
PIRRIM, PIRRIM, PIRRIM
JANELA, JANELINHA
PORTA, CAMPAINHA
PIRRIM, PIRRIM, PIRRIM.

PARLENDA POPULAR.

ONDE TRABALHA A FAMÍLIA DE GUI?

EXISTEM MUITAS PROFISSÕES.
VEJA A PROFISSÃO DE ALGUNS FAMILIARES DE GUI.

PAI

AVÔ

MÃE

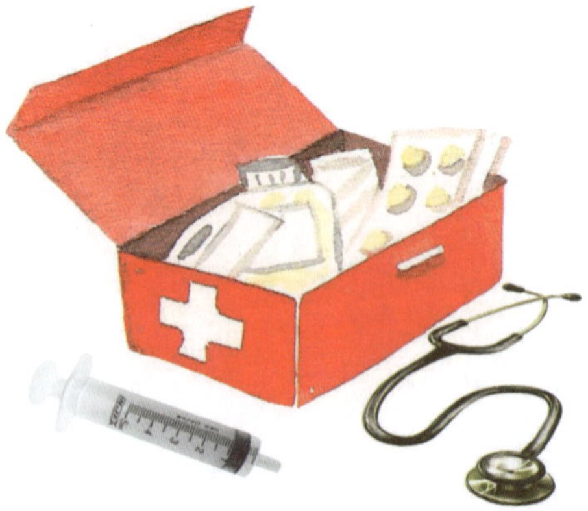

* LIGUE CADA PROFISSIONAL AOS OBJETOS QUE ELE UTILIZA EM SEU TRABALHO.

PARA LÁ, PARA CÁ

MATERIAL DE APOIO

* DESTAQUE AS IMAGENS DA **PÁGINA 19** E COLE APENAS OS MEIOS DE TRANSPORTE QUE SUA FAMÍLIA COSTUMA USAR PARA SE LOCOMOVER.

LÁ VOU EU

PODEMOS NOS LOCOMOVER DE VÁRIAS MANEIRAS. VEJA A CENA ABAIXO.

- CONTORNE OS MEIOS DE TRANSPORTE QUE SE LOCOMOVEM PELO AR. QUANTOS SÃO?
- FAÇA UM **X** NOS MEIOS DE TRANSPORTE QUE SE LOCOMOVEM PELA ÁGUA.
- CONVERSE COM OS COLEGAS SOBRE OS CUIDADOS QUE SE DEVE TER AO UTILIZAR ESTES MEIOS DE TRANSPORTE: CARROS, ÔNIBUS, MOTOS, BICICLETAS.

DENTRO DA CASA TEM...

- ACOMPANHE A LEITURA DO PROFESSOR.

DENTRO DA CASA TEM...
... UMA SALA.
DENTRO DA SALA TEM...
... UM ARMÁRIO.
DENTRO DO ARMÁRIO TEM...
... UM CESTO.
DENTRO DO CESTO TEM...
... UMA CAIXA VERMELHA.
[...]

DENTRO DA CASA TEM..., DE MÁRCIA ALEVI. SÃO PAULO: SCIPIONE, 2002. (COLEÇÃO DÓ-RÉ-MI-FÁ).

2

3

4

5

6

MATERIAL DE APOIO

- OUÇA A HISTÓRIA COMPLETA.
- EM SEGUIDA, DESTAQUE AS CENAS DA **PÁGINA 21** E COLE-AS NA SEQUÊNCIA CORRETA.

UNIDADE 3

TODOS NÓS E A ESCOLA

IR À ESCOLA DE MANHÃ OU À TARDE

* ACOMPANHE A LEITURA DO PROFESSOR.

DIA DE IRINEU

ACORDA, ACORDA, ACORDA, IRINEU
ACORDA, ACORDA, ACORDA, IRINEU
A LUA DISSE ADEUS E A MANHÃ JÁ SE
[ESTENDEU
ACORDA, ACORDA, ACORDA, IRINEU.

BOM DIA, BOM DIA, BOM DIA, IRINEU
BOM DIA, BOM DIA, BOM DIA, IRINEU
O SOL PINGOU NO CÉU E O DIA
[LOGO ACONTECEU
BOM DIA, BOM DIA, BOM DIA, IRINEU.
[...]

A TURMA DO TIKUNTÁ (DVD), DO GRUPO TIKUNTÁ. DECKDISC, 2014.

MATERIAL DE APOIO

* DESTAQUE AS FIGURAS DA **PÁGINA 23** E MONTE NOS QUADRINHOS A SEQUÊNCIA DOS ACONTECIMENTOS DE SEU DIA. COLE AS FIGURAS.

1	2	3
4	5	6
7	8	9

HORA DE IR PARA A ESCOLA

MUITAS CRIANÇAS VÃO À ESCOLA DE MANHÃ, BEM CEDINHO. OUTRAS VÃO À TARDE.

* E VOCÊ, QUANDO VAI PARA A ESCOLA?
* CONTORNE DE ▬▬ O MODO COMO VOCÊ VAI À ESCOLA.

A PÉ

DE ÔNIBUS

DE CARRO

DE BICICLETA

DE BARCO

DE TRANSPORTE ESCOLAR

* QUANTAS PESSOAS HÁ NA CENA DO BARCO?

IR À ESCOLA COM OS COLEGAS

VEJA O ÔNIBUS ESCOLAR QUE COSTUMA LEVAR GUI E ALGUNS DE SEUS AMIGOS PARA A ESCOLA.

MOTORISTA, MOTORISTA
OLHA O POSTE, OLHA O POSTE
NÃO É DE BORRACHA,
NÃO É DE BORRACHA
VAI BATER, VAI BATER.

CANTIGA POPULAR.

SUGESTÃO DE CD

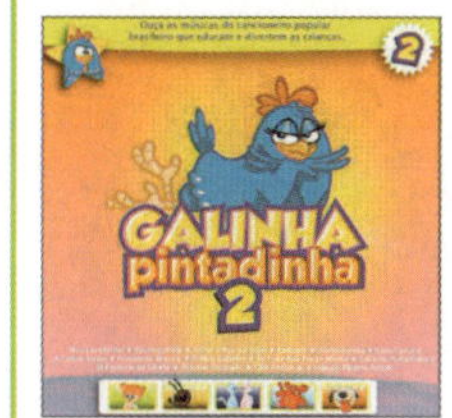

REPRODUÇÃO/SOM LIVRE

GALINHA PINTADINHA 2, SOM LIVRE, 2010. OUÇA A CANÇÃO "MEU LANCHINHO".

- ONDE ESTÁ GUI? MARQUE COM UM **X**.
- ELE ESTÁ DENTRO OU FORA DO ÔNIBUS?
- QUANTAS PESSOAS ESTÃO NO ÔNIBUS?

RUA MOVIMENTADA

A RUA ONDE GUI MORA É BASTANTE MOVIMENTADA.

- E ONDE VOCÊ MORA, HÁ BASTANTE MOVIMENTO?
- VOCÊ MORA EM APARTAMENTO OU CASA?
- QUANTAS PESSOAS MORAM COM VOCÊ?

- CONTE OS VEÍCULOS DE CADA TIPO.
- PINTE OS QUADRADOS PARA INDICAR A QUANTIDADE DE CADA VEÍCULO.

- ESCREVA OS NÚMEROS:

SUGESTÃO DE LIVRO

VIZINHO, VIZINHA, DE ROGER MELLO. SÃO PAULO: COMPANHIA DAS LETRINHAS, 2002.

CUIDADOS NO TRÂNSITO

* NA CENA A SEGUIR, QUAL DAS DUAS SITUAÇÕES APRESENTA UMA ATITUDE CORRETA NO TRÂNSITO?

* CONVERSE COM OS COLEGAS E, DEPOIS, CONTORNE A SITUAÇÃO QUE CONSIDERAR CORRETA.
* O QUE APARECE NAS PLACAS DOS CARROS?

SINAIS DE TRÂNSITO

* VEJA OS SINAIS DE TRÂNSITO E CONVERSE COM OS COLEGAS SOBRE CADA UM DELES.

LUIS SANTOS/SHUTTERSTOCK

REPRODUÇÃO/DNIT

REPRODUÇÃO/ARQUIVO DA EDITORA

REPRODUÇÃO/ARQUIVO DA EDITORA

REPRODUÇÃO/ARQUIVO DA EDITORA

* QUAL(IS) DELES VOCÊ JÁ CONHECIA? CONTORNE-O(S).
* FAÇA UM **X** NO SINAL QUE TEM A FORMA DE CÍRCULO.
* FAÇA UMA ● NOS SINAIS QUE TÊM LETRAS.

FILA

* ACOMPANHE A LEITURA DO POEMA.

UM POR UM...

PRA FICAR TUDO EM PAZ
É QUE INVENTARAM A FILA.
UM NA FRENTE, OUTRO ATRÁS.
E A VIDA SEGUE TRANQUILA.

AOS POUCOS, TUDO DÁ CERTO
E É MAU DAR UMA DE ESPERTO.
OUÇA BEM O QUE EU DIGO:
FURAR FILA É PERDER UM AMIGO.

CIDADANIA, DE EVELYN HEINE. SÃO PAULO: BRASILEITURA, SEM DATA. (POESIAS PARA CRIANÇAS).

MATERIAL DE APOIO

* DESTAQUE AS FIGURAS DA **PÁGINA 25** E MONTE A FILA DA TURMA DO GUI.

* CONTORNE A CRIANÇA QUE ESTÁ NA FRENTE.
* FAÇA UM **X** NA CRIANÇA QUE ESTÁ ATRÁS DE TODAS.

ESCOLA: LOCAL DE FAZER AMIGOS

* TERMINE DE PINTAR A CENA. DEIXE O DESENHO BEM COLORIDO.

* NA IMAGEM HÁ MAIS MENINOS OU MENINAS?
* QUANTAS CRIANÇAS ESTÃO BRINCANDO DE RODA?
* QUANTAS CRIANÇAS ESTÃO LENDO?

QUEM TRABALHA NA ESCOLA?

* VOCÊ SABE QUEM SÃO AS PESSOAS QUE TRABALHAM NA ESCOLA?
* QUAL É A PROFISSÃO DELAS?

* CONTORNE A CENA QUE MOSTRA A PROFESSORA NA SALA DE AULA.
* QUANTAS CRIANÇAS ESTÃO OUVINDO A HISTÓRIA NESTA CENA?

NA MINHA ESCOLA TEM...

MATERIAL DE APOIO

* DESTAQUE AS CENAS DA PÁGINA 27 E COLE-AS NOS ESPAÇOS ABAIXO.

* MARQUE COM UM **X** O QUE HÁ NA SUA ESCOLA.
* CONTE AOS COLEGAS QUAL É O LUGAR DA ESCOLA DE QUE VOCÊ MAIS GOSTA.

O REI DO SILÊNCIO

REGRAS

1. DECIDA QUEM SERÁ O REI DO SILÊNCIO. O JOGADOR ESCOLHIDO SENTA-SE NA CADEIRA E TEM OS OLHOS VENDADOS.
2. COLOQUE O SINO EMBAIXO DA CADEIRA.
3. OS OUTROS JOGADORES FICAM NA LINHA DE PARTIDA, A ALGUNS PASSOS DE DISTÂNCIA DO REI.
4. CADA UM, NA SUA VEZ, DEVE SE APROXIMAR, EM SILÊNCIO, DA CADEIRA, PEGAR CUIDADOSAMENTE O SINO E VOLTAR À LINHA DE PARTIDA.
5. SE EM ALGUM MOMENTO O REI DO SILÊNCIO OUVIR QUALQUER RUÍDO, PODE PEDIR AO JOGADOR QUE VOLTE À LINHA DE PARTIDA E DEVOLVA O SINO.
6. O PRIMEIRO QUE CONSEGUIR LEVAR O SINO ATÉ A LINHA DE PARTIDA SEM FAZER RUÍDO SERÁ O PRÓXIMO REI DO SILÊNCIO.

JOGOS DE TODAS AS ESTAÇÕES: APROVEITE AS QUATRO ESTAÇÕES BRINCANDO COM OS PEQUENOS, DE ORIOL RIPOLL. SÃO PAULO: CIRANDA CULTURAL, 2002.

MINHA OBRA DE ARTE

[SEM TÍTULO], DE ASGER JORN, 1973. AQUARELA, 50,5 cm × 71,7 cm.

AGORA, O ARTISTA É VOCÊ.

* INSPIRE-SE EM ASGER JORN E CRIE SUA OBRA DE ARTE NO ESPAÇO AO LADO.

HORA DO RECREIO

- ACOMPANHE A LEITURA DO PROFESSOR.

A ESCOLA

[...]
QUANDO CHEGA
O RECREIO
TUDO VIRA
BRINCADEIRA.
COMO O BOLO,
TOMO O SUCO
QUE VÊM DENTRO
DA LANCHEIRA.
[...]

AMIGOS DO PEITO, DE CLÁUDIO THEBAS.
BELO HORIZONTE: FORMATO, 1996.

A TURMA DECIDIU BRINCAR DE ESCONDE-ESCONDE NO RECREIO.

- QUEM ESTÁ EMBAIXO DO BANCO?
- QUEM ESTÁ DENTRO DA ESCOLA?
- QUEM ESTÁ ATRÁS DA ÁRVORE?

JOGANDO DADOS

GUI E IVO GOSTAM MUITO DE JOGAR DADOS.

* QUEM GANHOU A JOGADA?
* QUANTOS PONTOS ELE FEZ?

BRINQUEDO FAVORITO

A PROFESSORA PERGUNTOU PARA 6 CRIANÇAS: QUAL É O BRINQUEDO FAVORITO DE CADA UM DE VOCÊS, PETECA OU BOLA?
AS RESPOSTAS FORAM COLOCADAS EM DUAS LINHAS. CADA QUADRADO PINTADO REPRESENTA UM VOTO.

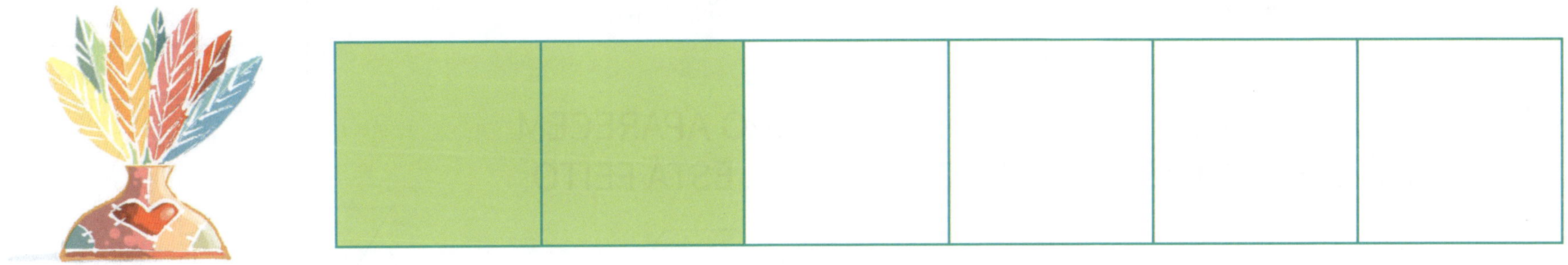

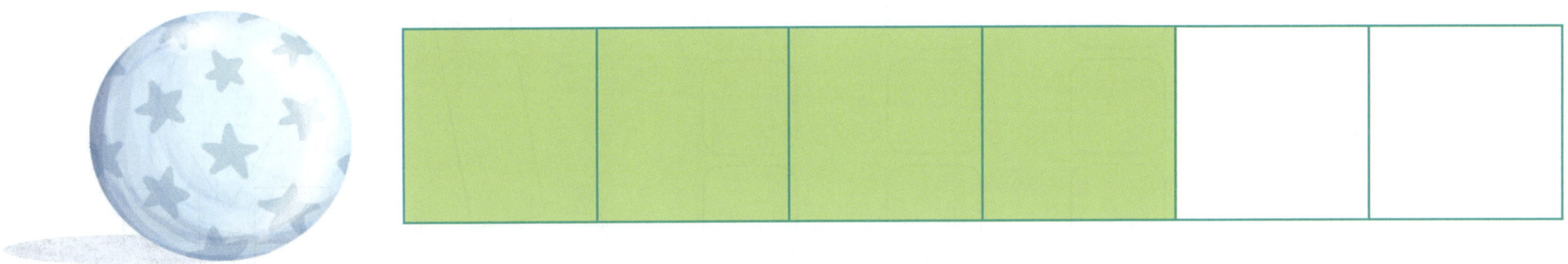

- QUANTOS VOTOS TEVE A PETECA?
- E A BOLA?
- CONTORNE O BRINQUEDO QUE FOI MENOS VOTADO.

BRINCANDO COM FORMAS

O ROBÔ NONÔ É FORMADO POR VÁRIOS TIPOS DE FIGURAS:

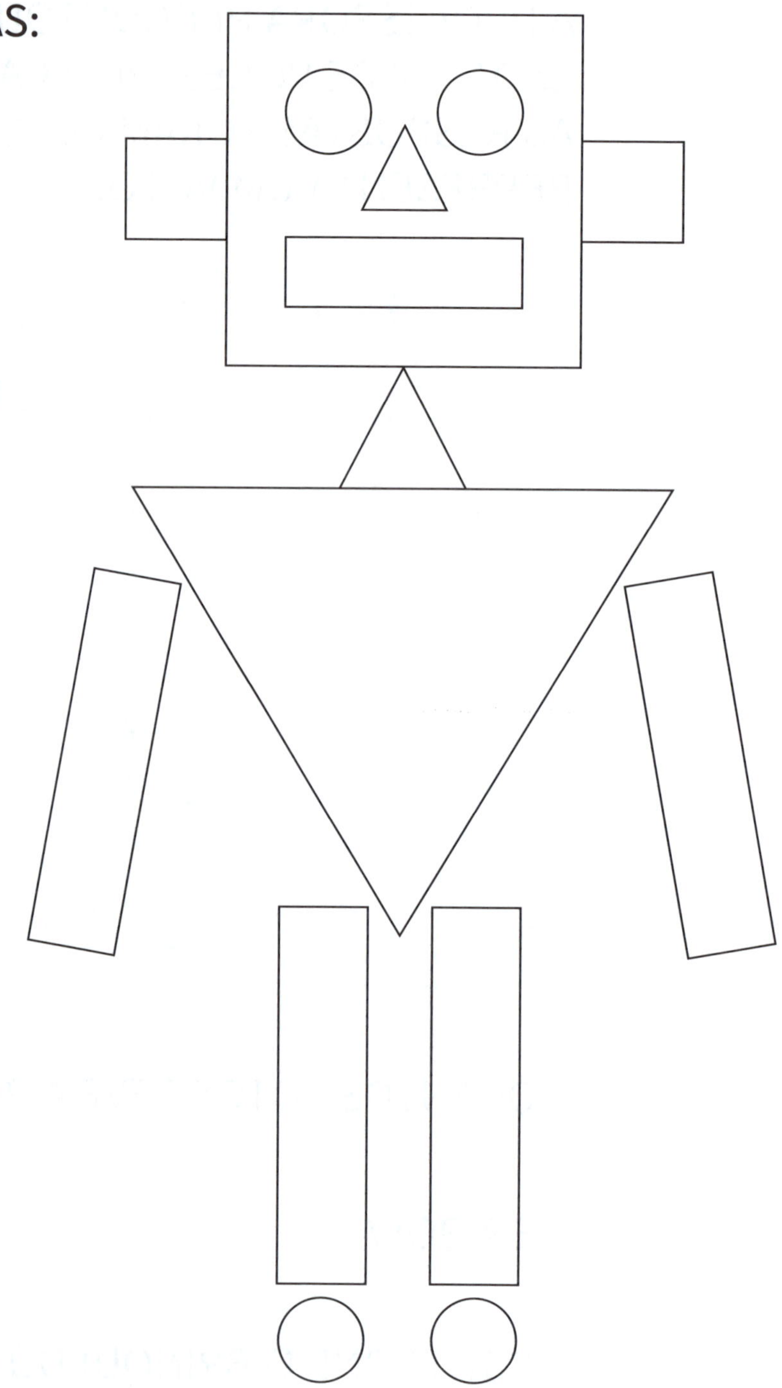

* DESCUBRA QUANTAS FIGURAS DE CADA TIPO APARECEM NO ROBÔ E REGISTRE NO GRÁFICO. O ▢ JÁ ESTÁ FEITO.

VAMOS MEDIR?

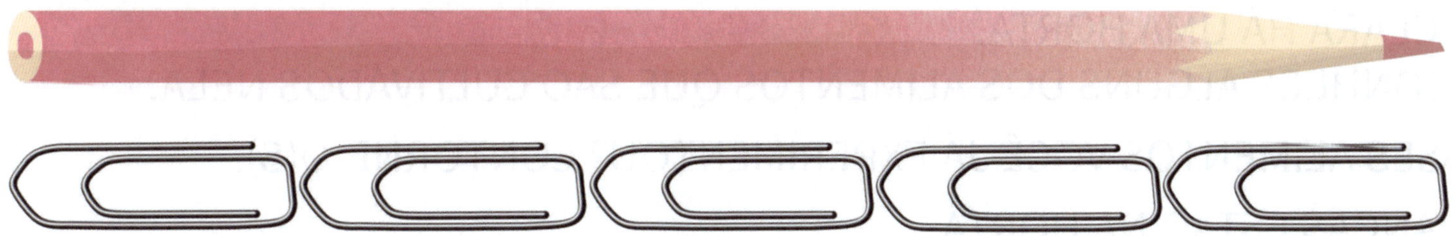

5

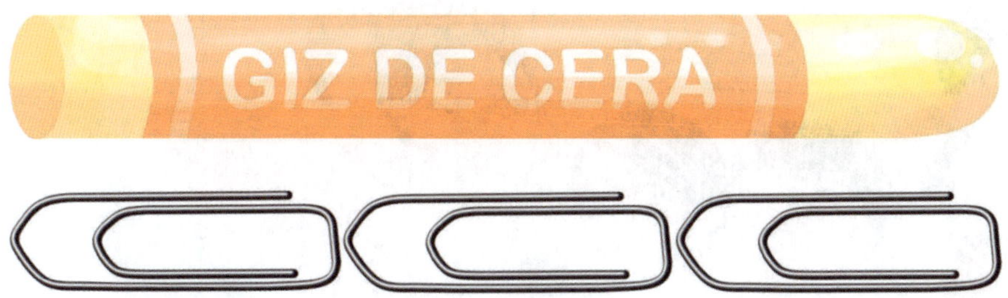

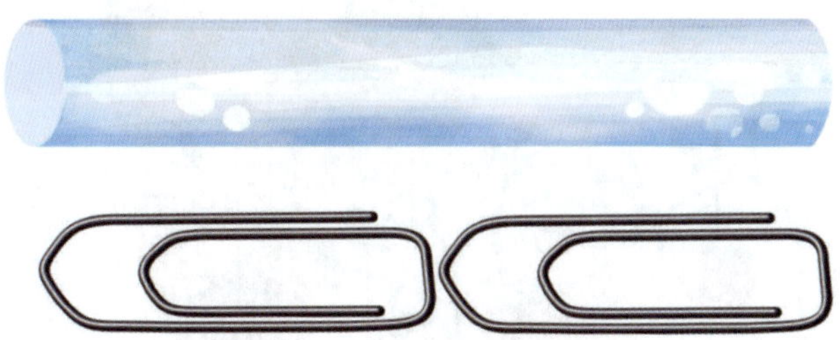

* ESCREVA OS NÚMEROS NOS QUADRINHOS.
* QUAL OBJETO TEM MEDIDA MAIOR?
* QUAL TEM MEDIDA MENOR?

A HORTA

NA ESCOLA DE CLARA HÁ UMA HORTA.
VEJA SE VOCÊ CONHECE ALGUNS DOS ALIMENTOS QUE SÃO CULTIVADOS NELA.

* QUAL(IS) DESSES ALIMENTOS VOCÊ JÁ EXPERIMENTOU? CONTORNE-O(S).
* QUANTAS CRIANÇAS ESTÃO NA HORTA?

HORA DA CURIOSIDADE

MATERIAL DE APOIO

* DESTAQUE AS VERDURAS E OS LEGUMES DA **PÁGINA 29** E COLE-OS NO LOCAL ADEQUADO.

AS IMAGENS DESTA PÁGINA NÃO ESTÃO REPRESENTADAS EM PROPORÇÃO.

VERDURAS

LEGUMES

QUE LEGUME É ESSE?

* ACOMPANHE A LEITURA DO POEMA.

ZIMPOLHO E ZIMPÃO
PEGARAM NA ENXADA,
CAVARAM O CHÃO,

QUE HORTA GENIAL!
QUE HORTA DE ARTISTA!
COLHEITA ESPECIAL!

QUE HORTA!, DE TATIANA BELINKY.
SÃO PAULO: PAULUS, 1987.

* PINTE CADA LEGUME COM SUA COR.

CENOURA

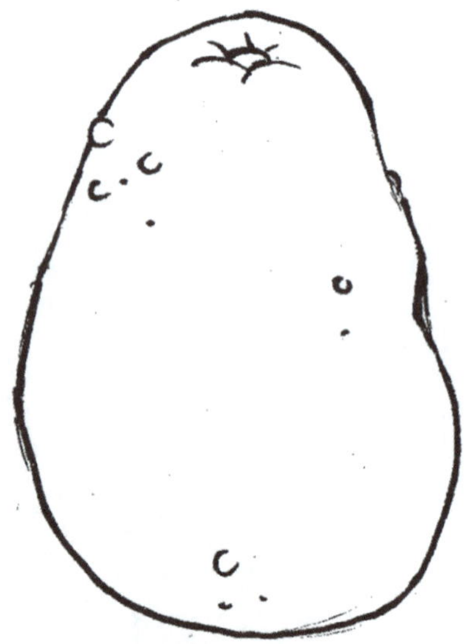

BATATA

* DESENHE A CENOTATA.

CENOTATA

UMA VISITA AO POMAR

NESTE FIM DE SEMANA, BIA CONHECEU UM POMAR.

IMAGES72/SHUTTERSTOCK

* USE RECORTES DE REVISTAS E MONTE UM POMAR COM SUAS FRUTAS PREFERIDAS.

QUE BELO PASSEIO!

BIA E SEUS AMIGOS FIZERAM UMA EXCURSÃO PARA CONHECER O PARQUE DA CIDADE.

- FAÇA UM **X** NA ÁRVORE MAIS ALTA E UMA ● NA MAIS BAIXA.

- PINTE DE ▬▬ O CAMINHO MAIS LARGO E DE ▬▬ O CAMINHO MAIS ESTREITO.

QUE CHEIRINHO BOM!

* ACOMPANHE A LEITURA DA ADIVINHA E TENTE DESCOBRIR A RESPOSTA.

O QUE É, O QUE É?
QUE ESTÁ SEMPRE NA SUA FRENTE,
MAS VOCÊ NÃO VÊ?

* CANTE A CANTIGA E CONTORNE A FOTO DO ALECRIM.

ALECRIM DOURADO
ALECRIM, ALECRIM MIÚDO
QUE NASCEU NO CAMPO
PERFUMANDO TUDO...

CANTIGA POPULAR.

AS IMAGENS DESTA PÁGINA NÃO ESTÃO REPRESENTADAS EM PROPORÇÃO.

MAKS NARODENKO/SHUTTERSTOCK/GLOW IMAGES

BAIBAZ/SHUTTERSTOCK/GLOW IMAGES

DIONISVERA/SHUTTERSTOCK/GLOW IMAGES

MADLEN/SHUTTERSTOCK/GLOW IMAGES

O QUE VEM ANTES? E DEPOIS?

CUIDAR DE NOSSA HIGIENE PESSOAL É MUITO IMPORTANTE.

* O QUE DEVEMOS FAZER ANTES DE COMER O LANCHE? E DEPOIS?

ANTES

DEPOIS

SUGESTÃO DE CD

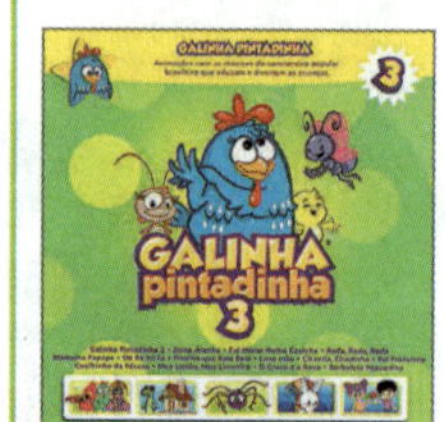

GALINHA PINTADINHA 3, SOM LIVRE, 2012. CANTE COM A CLASSE A CANÇÃO "LAVA A MÃO".

MATERIAL DE APOIO

* DESTAQUE AS CENAS DA **PÁGINA 29** E COLE CADA UMA DELAS NO LUGAR ADEQUADO.

HORA DO LANCHE

- CONTORNE O ALIMENTO QUE LEMBRA A FORMA DE UM QUADRADO.
- FAÇA UM **X** NO ALIMENTO QUE LEMBRA A FORMA DE UM RETÂNGULO.

GOSPHOTODESIGN/SHUTTERSTOCK

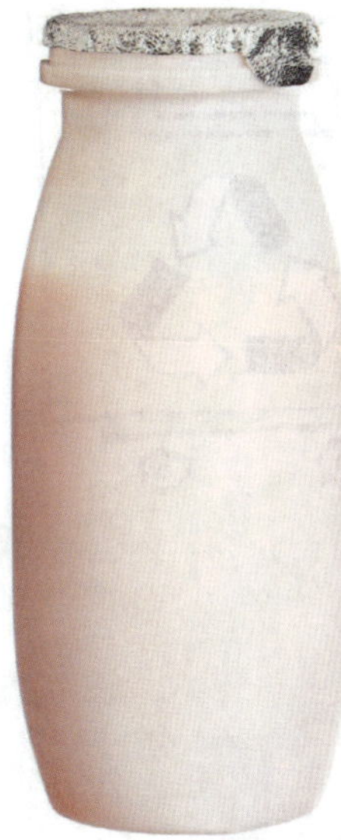

BESTV/SHUTTERSTOCK/GLOW IMAGES

AS IMAGENS DESTA PÁGINA NÃO ESTÃO REPRESENTADAS EM PROPORÇÃO.

SZEFEI/SHUTTERSTOCK

VALENTINA RAZUMOVA/ SHUTTERSTOCK

BOLACHA DE ÁGUA E SAL

GOSTO DE BOLACHA SEM AÇÚCAR
GOSTO DE BOLACHA SEM RECHEIO
GOSTO DE BOLACHA SEM PERFUME
GOSTO DO QUE É NORMAL
UMA BOLACHA DE ÁGUA E SAL.

PÉ COM PÉ (CD), DE PALAVRA CANTADA.

DEPOIS DO LANCHE... LIXO É NA LIXEIRA!

NA ESCOLA DE GUI HÁ VÁRIAS LIXEIRAS DE RECICLAGEM. AJUDE CLARA, BIA E IVO A COLOCAR O LIXO NA LIXEIRA CERTA.

* LIGUE CADA CRIANÇA À LIXEIRA ADEQUADA.

* O QUE HÁ MAIS, LIXEIRAS OU CRIANÇAS?

DESCUBRA AS 6 DIFERENÇAS

* AS CENAS A SEGUIR APRESENTAM **6** DIFERENÇAS ENTRE ELAS. DESCUBRA-AS.

* CONTORNE CADA DIFERENÇA NA PRIMEIRA CENA.
* FAÇA UM **X** EM CADA NÚMERO QUANDO ENCONTRAR CADA UMA DELAS.

1 2 3 4 5 6

ALEGRE OU TRISTE?

- DESENHE A CARINHA ALEGRE OU A CARINHA TRISTE EM CADA CENA ABAIXO.

SUGESTÃO DE DVD

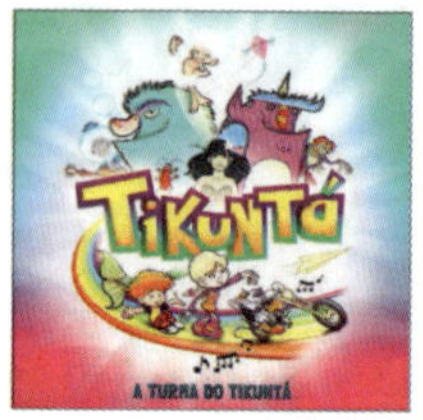

A TURMA DO TIKUNTÁ, DO GRUPO TIKUNTÁ. DECKDISC, 2014. OUÇA A CANÇÃO “NUM MONTE DE LIXO”.

LUGAR DE LIXO É NA LIXEIRA!

- AGORA, CONVERSE COM OS COLEGAS SOBRE O PORQUÊ DE SUAS ESCOLHAS.

HORA DE DESCANSAR

DEPOIS DO LANCHE, CADA COLEGA DO GUI FAZ UMA COISA DIFERENTE. VEJA A SEGUIR.

* QUAL DAS ATIVIDADES ACIMA VOCÊ MAIS GOSTA DE FAZER PARA RELAXAR? CONTORNE-A OU, CASO NÃO SEJA NENHUMA DELAS, DESENHE-A.

CAIXA MÁGICA DE SURPRESA

UM LIVRO
É UMA BELEZA,
É CAIXA MÁGICA
SÓ DE SURPRESA.

UM LIVRO
PARECE MUDO,
MAS NELE A GENTE
DESCOBRE TUDO.
[...]

CAIXA MÁGICA DE SURPRESA, DE ELIAS JOSÉ.
SÃO PAULO: PAULUS, 1997. (PONTO DE ENCONTRO).

* OUÇA A HISTÓRIA. DEPOIS, DESENHE A PARTE DE QUE MAIS GOSTOU.

AGORA É SUA VEZ DE CONTAR HISTÓRIA

* CONVERSE COM O PROFESSOR E OS COLEGAS SOBRE ESTA QUESTÃO:

O QUE TEM DENTRO DE UM LIVRO?

* QUEM QUER CONTAR UMA HISTÓRIA? PINTE OS PERSONAGENS.

QUAL É A HISTÓRIA?

MATERIAL DE APOIO

* DESTAQUE AS FIGURAS DA **PÁGINA 31** E COLE-AS NAS CENAS PARA COMPLETAR CADA HISTÓRIA.

HORA DE VOLTAR PARA CASA

QUEM VEM ME BUSCAR NA ESCOLA?

* DESENHE COMO VOCÊ COSTUMA VOLTAR PARA CASA DEPOIS DA AULA (POR EXEMPLO: A PÉ, DE ÔNIBUS, DE CARRO).

UNIDADE 4

TODOS NÓS E OS ANIMAIS

NASCER, CRESCER E TORNAR-SE ADULTO

MATERIAL DE APOIO

* DESTAQUE AS IMAGENS DA **PÁGINA 31** E COLE-AS NA SEQUÊNCIA CORRETA PARA MOSTRAR A EVOLUÇÃO DOS SERES VIVOS, DO NASCIMENTO ATÉ A IDADE ADULTA.

AS IMAGENS DESTA PÁGINA NÃO ESTÃO REPRESENTADAS EM PROPORÇÃO.

TIM BELYK/SHUTTERSTOCK

THIERRY BERROD, MONA LISA PRODUCTION/SPL/LATINSTOCK

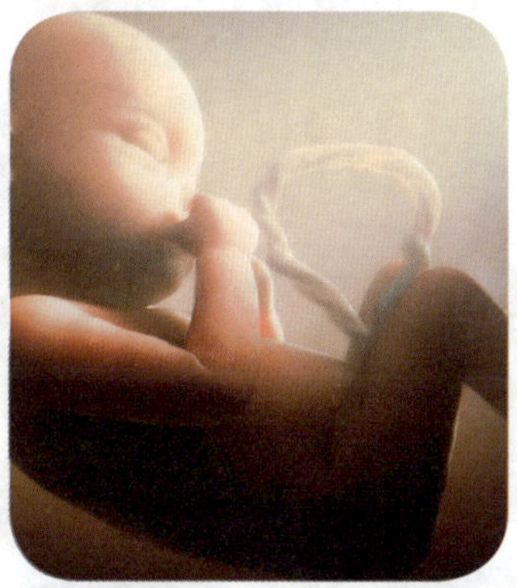

IXMASTER/SHUTTERSTOCK

FILHOS E FILHOTES

* O QUE VOCÊ VÊ NESTAS IMAGENS?

AS IMAGENS DESTA PÁGINA NÃO ESTÃO REPRESENTADAS EM PROPORÇÃO

ENMYO/SHUTTERSTOCK

KRIS WIKTOR/SHUTTERSTOCK

ANEKOHO/SHUTTERSTOCK

RITA KOCHMARJOVA/SHUTTERSTOCK

* SERÁ QUE TODOS ESSES FILHOTES FICARAM NA BARRIGA DA MÃE ANTES DE NASCER?
* VOCÊ ACHA QUE ELES FICARAM MAIS TEMPO OU MENOS TEMPO DO QUE VOCÊ FICOU NA BARRIGA DE SUA MÃE?

COMO NASCEM ALGUNS ANIMAIS

* VOCÊ CONHECE ESTES ANIMAIS? SABE COMO ELES NASCEM?

ANNEKA/SHUTTERSTOCK

MAMIN INAN/ISTOCK/GETTY IMAGES

WESTUDIO/SHUTTERSTOCK

AS IMAGENS DESTA PÁGINA NÃO ESTÃO REPRESENTADAS EM PROPORÇÃO.

* CANTE A CANÇÃO A SEGUIR COM O PROFESSOR E OS COLEGAS.

BICHINHO

SE UM BICHINHO NASCEU,
JÁ HAVIA OUTRO BICHO MAIOR.
SE ESSE BICHINHO CRESCEU,
LOGO VEM UM MENOR.

CARNAVAL (CD), DE PALAVRA CANTADA, MCD, 2007.

HORA DA CURIOSIDADE

MATERIAL DE APOIO

* DESTAQUE AS PEÇAS DA **PÁGINA 33**, MONTE O QUEBRA-CABEÇA E CONHEÇA OUTROS MAMÍFEROS.

AS IMAGENS DESTA PÁGINA NÃO ESTÃO REPRESENTADAS EM PROPORÇÃO.

DE QUEM É O OVO?

- VOCÊ JÁ VIU AVES COMO ESTAS? SABE O NOME DELAS?
- LIGUE AS AVES AOS OVOS.
- ACOMPANHE A LEITURA DO POEMA.

ECOPRINT/SHUTTERSTOCK

INGRID MAASIK/SHUTTERSTOCK

ENLIGHTENED MEDIA/SHUTTERSTOCK

GOLDENJACK/SHUTTERSTOCK

GAIVOTA

GAIVOTA
VIVE LÁ NO CÉU.
GAIVOTA VAI,
GAIVOTA VOLTA,
GAIVOTA VAI,
GAIVOTA VOLTA.
E OS OVOS?
QUANDO É QUE
A GAIVOTA
BOTA?

ZUM-ZUM-ZUM E OUTRAS POESIAS,
DE LALAU E LAURABEATRIZ. SÃO PAULO:
COMPANHIA DAS LETRINHAS, 2007.

AS IMAGENS DESTA PÁGINA NÃO ESTÃO REPRESENTADAS EM PROPORÇÃO.

VAMOS DESENHAR OS OVOS?

A GALINHA DO VIZINHO
BOTA OVO AMARELINHO

BOTA **UM**
1

BOTA **DOIS**
2

BOTA **TRÊS**
3

CANTIGA POPULAR.

* DESENHE OVOS DE ACORDO COM A QUANTIDADE QUE A GALINHA BOTOU.

1, 2, 3. AGORA VÊM 4, 5, 6!

* OBSERVE E MOSTRE OS DEDOS COMO NAS FIGURAS. COM OS COLEGAS, CONTE EM VOZ ALTA DE 1 A 6.

1 2 3 4 5 6

* LIGUE CADA QUANTIDADE DE OVOS AO NÚMERO CORRESPONDENTE.

RANGIZZZ/SHUTTERSTOCK

5

4

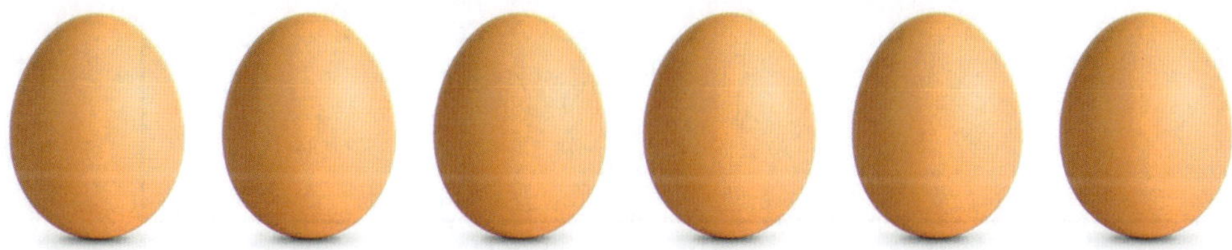

6

ANIMAIS QUE VOAM

SABIÁ LÁ NA GAIOLA

SABIÁ LÁ NA GAIOLA
FEZ UM BURAQUINHO...
VOOU, VOOU, VOOU, VOOU
E A MENINA QUE GOSTAVA
TANTO DO BICHINHO...
CHOROU, CHOROU, CHOROU, CHOROU

CANTIGA POPULAR.

MATERIAL DE APOIO

* DESTAQUE AS PEÇAS DA PÁGINA 33, COLE-AS ABAIXO E CONTORNE O PÁSSARO DA CANÇÃO.

AS IMAGENS DESTA PÁGINA NÃO ESTÃO REPRESENTADAS EM PROPORÇÃO.

QUEM SÃO ELES?

* AGORA, DESCUBRA OUTROS ANIMAIS QUE VOAM E CONTORNE-OS.

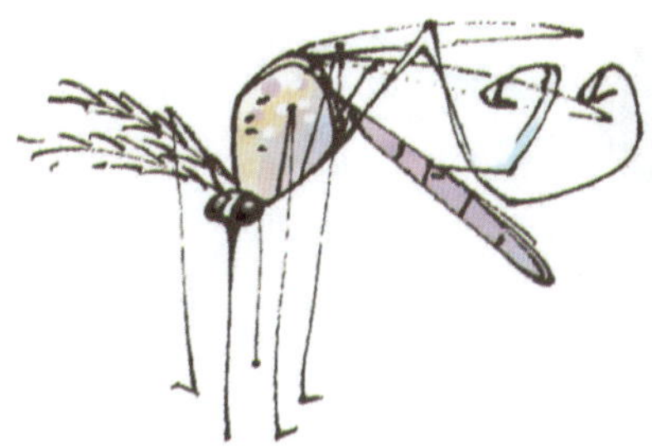

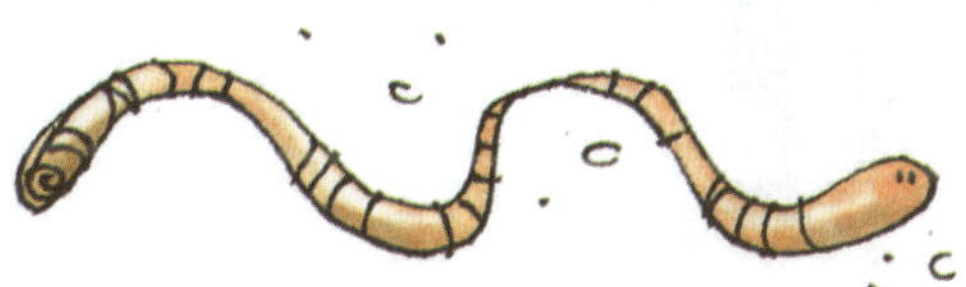

ANIMAIS, ANIMAIS E MAIS ANIMAIS...

* OBSERVE AS IMAGENS A SEGUIR E CONTORNE OS ANIMAIS DOMÉSTICOS.

AS IMAGENS DESTA PÁGINA NÃO ESTÃO REPRESENTADAS EM PROPORÇÃO.

SANDRA HUBER/SHUTTERSTOCK

GLOBALP/ISTOCK/GETTY IMAGES

YELLOWSARAH/ISTOCK/GETTY IMAGES

CREATIVEYE99/ISTOCK/GETTY IMAGES

LILIYA KULIANIONAK/SHUTTERSTOCK

GLOBALP/ISTOCK/GETTY IMAGES

ERIC ISSELEE/SHUTTERSTOCK

O QUE VOCÊ ACHA QUE ACONTECEU?

- VOCÊ CONHECE ESTES PERSONAGENS?
- POR QUE VOCÊ ACHA QUE A MÃE DO CEBOLINHA ESTÁ BRAVA COM ELE?

DE QUEM É ESSE COELHO?, DE MAURICIO DE SOUSA. PORTO ALEGRE: L&PM, 2012.

- PINTE O DESENHO. DEIXE A TARTARUGA BEM COLORIDA!

MATERIAL DE APOIO

- DESTAQUE AS PEÇAS DA PÁGINA 35. DEPOIS, MONTE O QUEBRA-CABEÇA E DESCUBRA OUTROS ANIMAIS MUITO LENTOS.
- CONTORNE OS ANIMAIS QUE VOCÊ JÁ CONHECE.

PELOS OU PENAS?

* OBSERVE ESTES ANIMAIS.

AS IMAGENS DESTA PÁGINA NÃO ESTÃO REPRESENTADAS EM PROPORÇÃO.

KUTTELVASEROVA STUCHELOVA/SHUTTERSTOCK

GATO

PANBAZIL/SHUTTERSTOCK

PATO

* EM QUE ELES SÃO DIFERENTES?
* AGORA, EM UMA FOLHA DE PAPEL SULFITE, DESENHE ANIMAIS PARECIDOS COM O GATO E COM O PATO.

ONDE VIVEM OS ANIMAIS

MATERIAL DE APOIO

* DESTAQUE AS IMAGENS DA **PÁGINA 37** E COLE-AS NOS ESPAÇOS DESTACADOS PARA COMPLETAR OS ANIMAIS.

AS IMAGENS DESTA PÁGINA NÃO ESTÃO REPRESENTADAS EM PROPORÇÃO.

TUTHELENS/SHUTTERSTOCK

ARARA-VERMELHA

THOMAS BARRAT/SHUTTERSTOCK

URSO-POLAR

JOHN MICHAEL EVAN POTTER/SHUTTERSTOCK

ELEFANTE

* COM QUE LETRA SE INICIA O NOME DE CADA UM DESSES ANIMAIS?
* QUEM DE VOCÊS TEM UMA DESSAS LETRAS NO NOME?
* QUAL DESSES ANIMAIS É O MAIS PESADO? E O MAIS LEVE?

HABITANTES DO MAR

OS AMIGOS DE GUI FORAM A UM AQUÁRIO E VIRAM MUITOS HABITANTES DO MAR.

* OBSERVE O GRÁFICO E RESPONDA:

* QUANTOS  ?
* QUANTOS  ?
* QUANTAS  ?
* QUANTAS  ?

A FORMIGA

* DESENHE MAIS FORMIGAS E PINTE O FORMIGUEIRO.

PRA FAZER A SUA CASA
A FORMIGA CAVA FUNDO.
FAZ TÚNEL PRA TODO LADO
PRA QUE MORE TODO MUNDO.

CASINHAS DE BICHOS, DE HARDY GUEDES ALCOFORADO FILHO.
SÃO PAULO: SCIPIONE, 1997. (COLEÇÃO DÓ-RÉ-MI-FÁ).

* QUANTAS FORMIGAS FICARAM DESENHADAS?

PASSEIO NO ZOOLÓGICO

RAFAEL FOI AO ZOOLÓGICO COM SEUS PAIS.

* OBSERVE O QUE ELE VIU POR LÁ.

* CONTE OS ANIMAIS.
* PINTE OS QUADRADOS PARA MOSTRAR A QUANTIDADE DE CADA ANIMAL.
* OBSERVE O GRÁFICO FORMADO E RESPONDA: QUAL ANIMAL APARECE EM MAIOR QUANTIDADE? E EM MENOR QUANTIDADE?

QUANTO BICHO!

* COLOQUE ● NO ANIMAL QUE TEM AS PERNAS MAIS GROSSAS.
* COLOQUE ■ NO ANIMAL QUE TEM AS PERNAS MAIS FINAS.
* QUANTOS ANIMAIS HÁ NA CENA?

ANIMAL PREFERIDO

- QUAL É O ANIMAL DE QUE VOCÊ MAIS GOSTA?
- FAÇA UM DESENHO DELE COM O FILHOTE.

COMPARAR E PINTAR

A ABELHA TEM TRÊS CAMINHOS PARA CHEGAR ÀS FLORES.

A ABELHA
QUANDO ELA PICA
FAZ MAL.
QUANDO TRABALHA
FAZ MEL.

ABECEDÁRIO DOS BICHOS QUE EXISTEM E NÃO EXISTEM,
DE CARLOS RODRIGUES BRANDÃO.
CAMPINAS: AUTORES ASSOCIADOS, 2008.

- PINTE DE  O CAMINHO MAIS CURTO.
- PINTE DE  O CAMINHO MAIS COMPRIDO.
- ESCOLHA OUTRA COR PARA PINTAR O CAMINHO QUE SOBROU.

QUAL É MAIS PESADO?

ESTES ANIMAIS VOCÊ CONHECE.

- PINTE DE ▬▬▬ O ANIMAL MAIS LEVE.
- PINTE DA COR QUE VOCÊ QUISER O ANIMAL MAIS PESADO.

HUM... EU GOSTO DISSO!

O QUE CADA ANIMAL GOSTA DE COMER?

* LIGUE CADA ANIMAL AO RESPECTIVO ALIMENTO.

AS IMAGENS DESTA PÁGINA NÃO ESTÃO REPRESENTADAS EM PROPORÇÃO.

PANU RUANGJAN/SHUTTERSTOCK

PROCHASSON FREDERIC/SHUTTERSTOCK

AKSENOVA NATALYA/SHUTTERSTOCK

MAKS NARODENKO/SHUTTERSTOCK

D. KUCHARSKI K. KUCHARSKA/SHUTTERSTOCK

IRIN-K/SHUTTERSTOCK

E DEPOIS DO 6, O QUE VEM?

* DESENHE A QUANTIDADE INDICADA DE ELEMENTOS.

6 → 7

7 → 8

8 → 9

JÁ CONTAMOS ATÉ 9. COM MAIS 1, CHEGAMOS AO 10!

* OBSERVE AS FIGURAS.

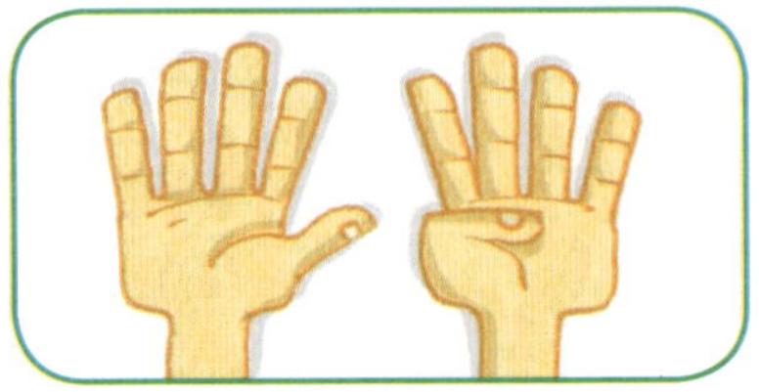

9

MAIS 1

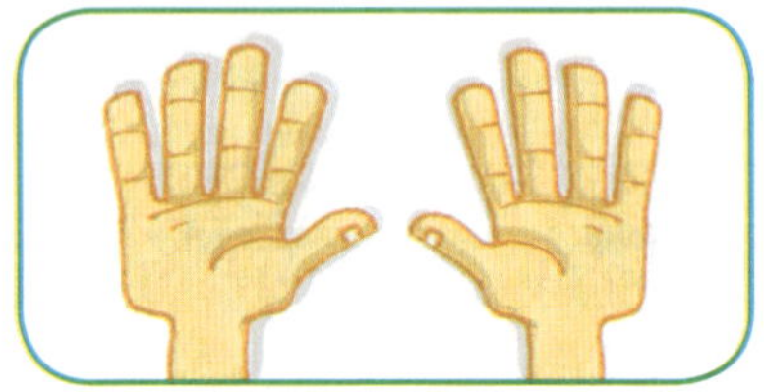

10

* CONTE O NÚMERO DE PONTOS EM CADA QUADRO E LEIA OS NÚMEROS COM OS COLEGAS.
* MARQUE COM UM **X** O QUADRO COM **10** BOLINHAS.

1 2 3 4 5

6 7 8 9 10

SUGESTÃO DE DVD

GALINHA PINTADINHA 2, SOM LIVRE, 2012. CANTE A CANÇÃO "ELEFANTE".

LIGUE OS PONTOS

* LIGUE OS PONTOS DE 1 ATÉ 10.

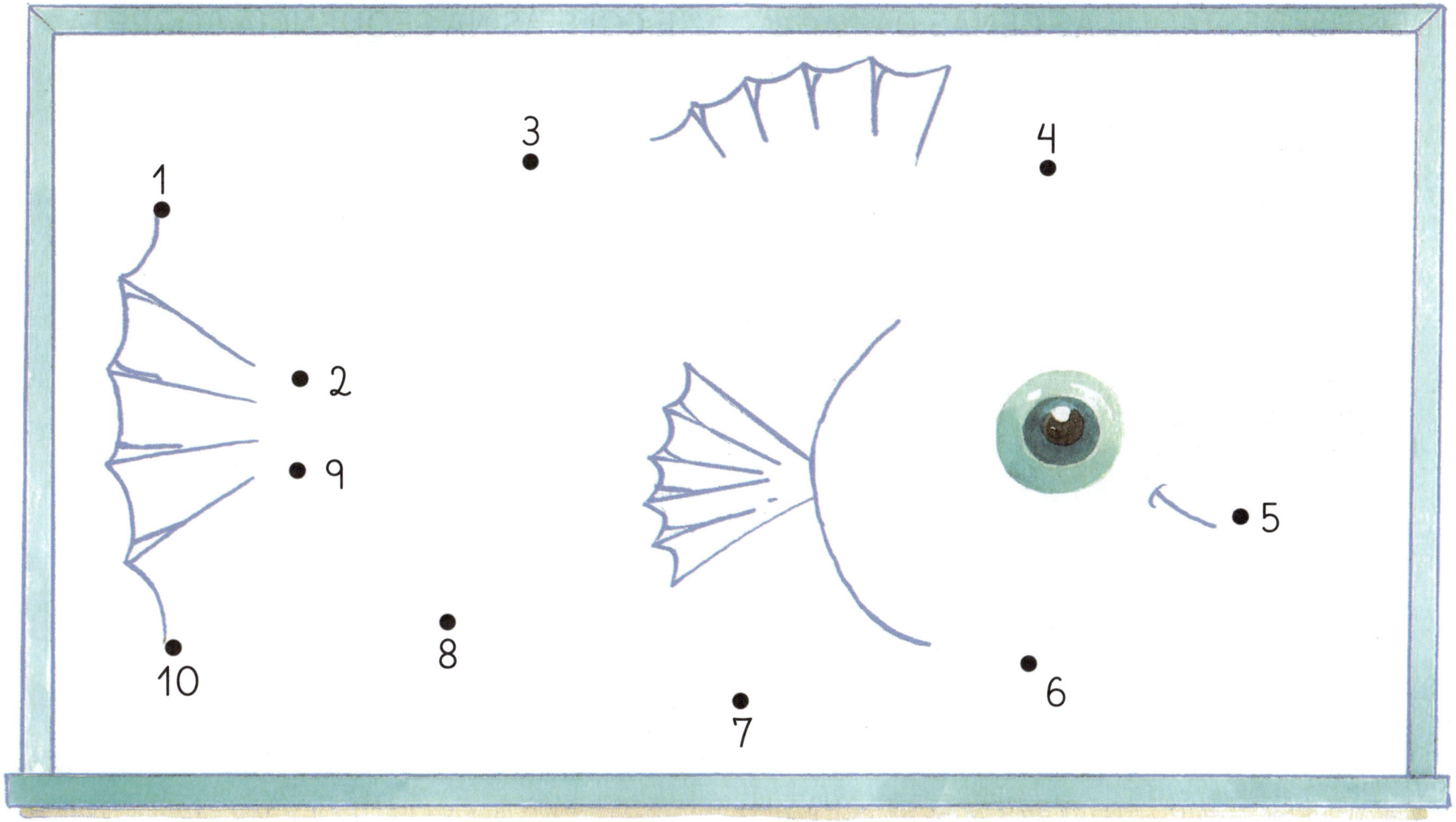

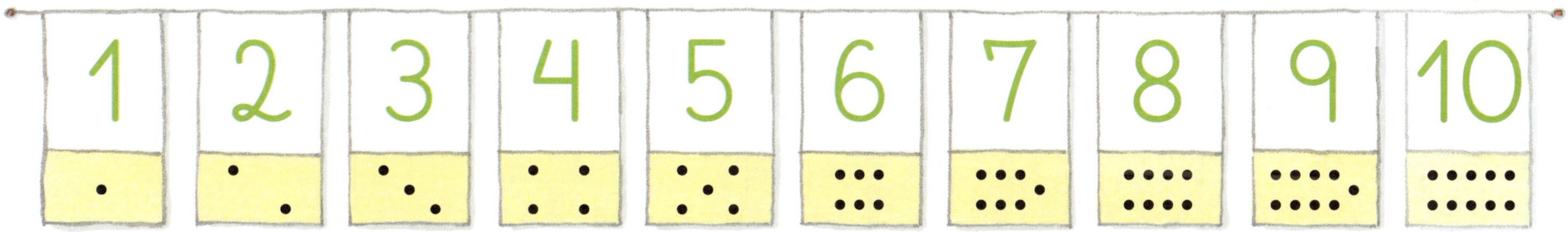

UM TANTO PERDIDA

MATERIAL DE APOIO

- OUÇA A HISTÓRIA COM ATENÇÃO.
- DEPOIS, DESTAQUE AS CENAS DA **PÁGINA 37** E COLE-AS NA SEQUÊNCIA CORRETA.

2

3

4

5

MATERIAL DE APOIO

PINTINHO AMARELINHO

PEÇAS PARA A ATIVIDADE DA **PÁGINA 14** DO LIVRO.

DESTAQUE OS CÍRCULOS COLORIDOS, UM MAIOR PARA O CORPO, OUTRO MENOR PARA A ASA.

DOBRE OS DOIS AO MEIO, COLE UM SOBRE O OUTRO COMO NO MODELO.

DESENHE OS DETALHES E ESTÁ PRONTA A AVEZINHA.

PINTE OS OUTROS CÍRCULOS DA COR QUE PREFERIR, DESTAQUE E MONTE-OS DA MESMA FORMA.

DIA NUBLADO

PEÇAS PARA A ATIVIDADE DA **PÁGINA 17** DO LIVRO.

OLGATLT63/SHUTTERSTOCK

UM DIA DE CHUVA

CENAS PARA A ATIVIDADE DA **PÁGINA 18** DO LIVRO.

CHOVE PRA CHUCHU!

FIGURAS PARA A ATIVIDADE DA **PÁGINA 20** DO LIVRO.

HORA DA BRINCADEIRA - SOL OU CHUVA?

FIGURAS PARA A ATIVIDADE DA **PÁGINA 21** DO LIVRO.

BANDEIRA DO BRASIL

FIGURA PARA A ATIVIDADE DA **PÁGINA 29** DO LIVRO.

IMAGEM: REPRODUÇÃO/ ARQUIVO DA EDITORA.

HORA DO JOGO - OS OBJETOS E O VENTO

CARTAS PARA A ATIVIDADE DA **PÁGINA 32** DO LIVRO.

MUITOS QUADRADOS EM UM JOGO SÓ!

FIGURA PARA A ATIVIDADE DA **PÁGINA 34** DO LIVRO.

PASSEIO DE GUI E BIA

FIGURAS PARA A ATIVIDADE DA **PÁGINA 37** DO LIVRO.

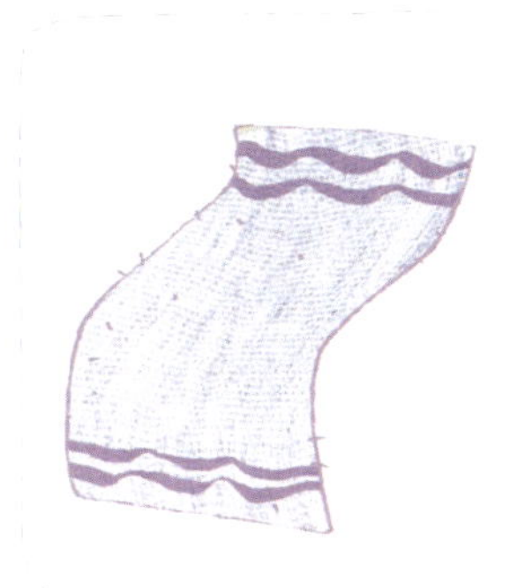

BEM LIMPINHO, BEM CUIDADO

CENAS PARA A ATIVIDADE DA **PÁGINA 48** DO LIVRO.

BRINCAR COM MONSTROS

FIGURAS PARA A ATIVIDADE DA **PÁGINA 57** DO LIVRO.

ALIMENTAÇÃO SAUDÁVEL

IMAGENS PARA A ATIVIDADE DA **PÁGINA 61** DO LIVRO.

STEVE CUKROV/SHUTTERSTOCK

IFONG/SHUTTERSTOCK

NIPAPORN PANYACHAROEN/ SHUTTERSTOCK

TIM UR/SHUTTERSTOCK

RUTH BLACK/SHUTTERSTOCK

PHLOEN/SHUTTERSTOCK

LUKAS GOJDA/ SHUTTERSTOCK

RVLSOFT/SHUTTERSTOCK

AMPFOTOSTUDIO/ SHUTTERSTOCK

VALERY121283/SHUTTERSTOCK

TWINSTERPHOTO/SHUTTERSTOCK

RUTH BLACK/SHUTTERSTOCK

HORA DE JANTAR

FIGURAS PARA A ATIVIDADE DA **PÁGINA 65** DO LIVRO.

PARA LÁ, PARA CÁ

IMAGENS PARA A ATIVIDADE DA **PÁGINA 73** DO LIVRO.

CHRISTOPHE TESTI/SHUTTERSTOCK

REMIK44992/SHUTTERSTOCK

STEFAN GLEBOWSKI/SHUTTERSTOCK

CIFOTART/SHUTTERSTOCK

ERIC ISSELEE/SHUTTERSTOCK

KLETR/SHUTTERSTOCK

CARDINAL ARROWS/SHUTTERSTOCK

VERESHCHAGIN DMITRY/SHUTTERSTOCK

RAWPIXEL/SHUTTERSTOCK

HORA DA HISTÓRIA - DENTRO DA CASA TEM...

CENAS PARA A ATIVIDADE DA **PÁGINA 75** DO LIVRO.

IR À ESCOLA DE MANHÃ OU À TARDE

FIGURAS PARA A ATIVIDADE DA **PÁGINA 77** DO LIVRO.

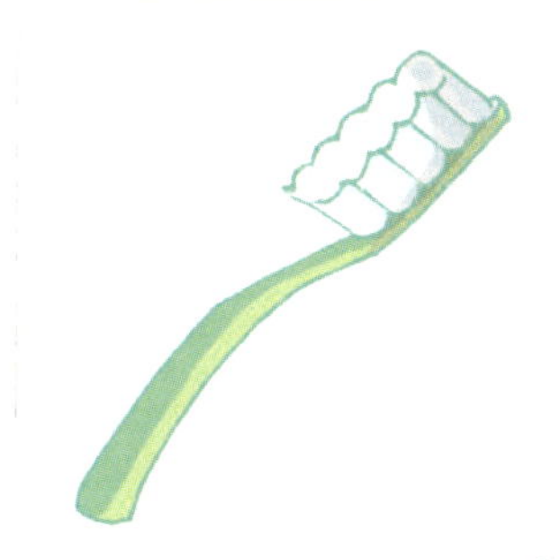

FILA

FIGURAS PARA A ATIVIDADE DA **PÁGINA 83** DO LIVRO.

NA MINHA ESCOLA TEM...

CENAS PARA A ATIVIDADE DA **PÁGINA 86** DO LIVRO.

HORA DA CURIOSIDADE

IMAGENS PARA A ATIVIDADE DA **PÁGINA 95** DO LIVRO.

BERGAMONT/SHUTTERSTOCK

LOTUS IMAGES/SHUTTERSTOCK

BINH THANH BUI/SHUTTERSTOCK

MACEOFOTO/SHUTTERSTOCK

JIANG HONGYAN/SHUTTERSTOCK

YOSHI0511/SHUTTERSTOCK

O QUE VEM ANTES? E DEPOIS?

CENAS PARA A ATIVIDADE DA **PÁGINA 100** DO LIVRO.

QUAL É A HISTÓRIA?

FIGURAS PARA A ATIVIDADE DA **PÁGINA 108** DO LIVRO.

NASCER, CRESCER E TORNAR-SE ADULTO

IMAGENS PARA A ATIVIDADE DA **PÁGINA 111** DO LIVRO.

EWAIS/SHUTTERSTOCK

JAIMIE DUPLASS/SHUTTERSTOCK

CRISTOVAO/SHUTTERSTOCK

ANNEKA/SHUTTERSTOCK

TTSTUDIO/SHUTTERSTOCK

PCHT/SHUTTERSTOCK

FILIPE B. VARELA/SHUTTERSTOCK

AMENIC181/SHUTTERSTOCK

BENDZHIK/SHUTTERSTOCK

HORA DA CURIOSIDADE

PEÇAS PARA A ATIVIDADE DA **PÁGINA 114** DO LIVRO.

MORCEGO: IVAN KUZMIN/SHUTTERSTOCK; PORCO: ALEXANDER RATHS/SHUTTERSTOCK; OVELHA: RANDY RIMLAND/SHUTTERSTOCK; CAVALO: SMEREKA/SHUTTERSTOCK; GATO: SHVAYGERT EKATERINA/SHUTTERSTOCK; VACA: PROCHASSON FREDERIC/SHUTTERSTOCK; ELEFANTE: DONOVAN VAN STADEN/SHUTTERSTOCK; CACHORRO: AMMIT JACK/SHUTTERSTOCK; BALEIA: SEB C'EST BIEN/SHUTTERSTOCK.

ANIMAIS QUE VOAM

PEÇAS PARA A ATIVIDADE DA **PÁGINA 118** DO LIVRO.

BEIJA-FLOR: ROSALIE KREULEN/SHUTTERSTOCK; SABIÁ-LARANJEIRA: RENATO GRIMM/OPÇÃO BRASIL IMAGENS; PERIQUITO-AUSTRALIANO: XPIXEL/SHUTTERSTOCK; CANÁRIO-DA-TERRA-VERDADEIRO: ARTUR KEUNECKE/PULSAR IMAGENS; PICA-PAU-REI: PANDA3800/SHUTTERSTOCK.

HORA DA CURIOSIDADE

PEÇAS PARA A ATIVIDADE DA **PÁGINA 122** DO LIVRO.

ONDE VIVEM OS ANIMAIS

IMAGENS PARA A ATIVIDADE DA **PÁGINA 124** DO LIVRO.

TUTHELENS/SHUTTERSTOCK

THOMAS BARRAT/SHUTTERSTOCK

JOHN MICHAEL EVAN POTTER/SHUTTERSTOCK

HORA DA HISTÓRIA - UM TANTO PERDIDA

CENAS PARA A ATIVIDADE DA **PÁGINA 136** DO LIVRO.

A LETRA **E** EM OUTRAS PALAVRAS

IMAGENS PARA A ATIVIDADE DA **PÁGINA 8** DO CADERNO DE LETRAS E NÚMEROS.

KLETR/SHUTTERSTOCK

TPM13THX/SHUTTERSTOCK

PANDAPAW/SHUTTERSTOCK

HORA DO JOGO – LETRAS, NÚMEROS OU DESENHOS?

FICHAS PARA A ATIVIDADE DA **PÁGINA 31** DO CADERNO DE LETRAS E NÚMEROS.

1	2	3	4	5
A	E	I	O	U